「発達の最近接領域」の理論

――教授・学習過程における子どもの発達

ヴィゴツキー著

土井捷三・神谷栄司訳

三学出版

目次

Ⅳ　児童期における多言語併用の問題によせて……82

Ⅵ 生活的概念と科学的概念の発達

凡例

一、本邦訳のオリジナル・テクストは、Л.С.Выготский ; Умственное развитие ребенка в процессе обучения, Государственное учебно-педагогическое издательство, М.-Л., 1935［エリ・エス・ヴィゴツキー『教授・学習過程における子どもの知的発達』国立学術教育出版、一九三五年］である。このテクストは、ヴィゴツキーの死後、エリ・ヴェ・ザンコフ、ジェ・イ・シフ、デ・ベ・エリコニンによって編集され、七編の手稿または講義速記録が収録されている。

二、このテクストの一部にはヴァリアントも存在する。Л.С.Выготский ; Избранные психологические исследования, Издательство АПН РСФСР, М., 1956［エリ・エス・ヴィゴツキー『心理学研究選集』ロシア共和国教育科学アカデミー出版、一九五六年］には第一論文と第二論文が一部削除されながら収録されており、Л.С.Выготский ; Собрание сочинений, т. 3, М., Педагогика, 1983［エリ・エス・ヴィゴツキー『著作集』第三巻、教育学出版、一九八三年］には第四論文の抜粋が収録され、Л.С.Выготский ; Педагогическая психология, М., Педагогика-пресс, 1996［エリ・エス・ヴィゴツキー『教育心理学』教育学プレス出版、一九九六年］には第一、第二、第六、第七論文が収録されている。これらのヴァリアントも翻訳にあたって参照した。

三、訳語の扱いはつぎのようにした。

Обучение［アブゥチェーニエ］は本テクストのキーワードでもあるので、日本語の自然さを犠牲にしても、すべて「教授・学習」と訳した。

Речь［レーチ］は「ことば」とし、Слово［スローヴォ］は文脈によって「言葉」「語」「単語」と訳した。

また、子どもの発達段階を示す語はつぎのように訳した。

Ранный возраст［ランヌィ・ヴォーズラスト］「幼児前期」と訳したが、おおよそ一歳から三歳未満の時期を指している。

Дошкольный возраст［ダシコーリヌィ・ヴォーズラスト］「就学前期」と訳したが、三歳から就学までを指している。ヴィゴツキーが本書を書いた時期の旧ソヴィエトでは就学年齢は八歳であったので、本書では三歳から八歳未満の時期を意味している。

Школьный возраст［シコーリヌィ・ヴォーズラスト］「学齢期」と訳したが、就学以降の時期を指している。本書では八歳以上の時期を意味している。

なお、オリジナル・テクストには「見出し」はまったくないので、読者の便宜のために、各ページの上段に「見出し」を記しておいた。

I　学齢期における教授・学習と知的発達の問題＊

〔訳者解説〕この論文でヴィゴツキーは「教授・学習と発達」の「関係」にかんする諸理論の批判のうえに、彼自身の独創的な見解である「発達の最近接領域」にもとづいて、この関係を明らかにしようとしている。彼が批判するのは、①教授・学習とは無関係に発達をとらえる傾向（ピアジェら）、②教授・学習はそのまま発達であるとする傾向（ジェームズ、ソーンダイクら）、③これら両者の折衷的視点（コフカら）であった。

　ヴィゴツキーの見解の基本には子どもの発達を二つの水準によってとらえる、いわば「二重発達説」とでも言うべきものがある。ひとつは「現在の発達水準」とよばれるもので、すでに「成熟した精神機能」をあらわし、具体的には自主的な課題解決の水準である。もうひとつは「明日の発達水準」とよばれるものであり、「現在生成しつつある過程、成熟しはじめたばかりの、発達しはじめたばかりの過程」を意味し、具体的には大人の助けや友達との協力によって可能となる課題解決の水準である。彼はこうした二つの水準のくいちがいを子どものなかに見いだし、それを「発達の最近接領域」と規定したのである。

　この発達の最近接領域の考え方は、一方では、発達診断学の深化をもたらすものであり、他方では、新しい教授・学習理論を産みだすものであった。前者は、テストが測定する能力は現在の発達水準のみであり、子どもの発達の動態をとりだしえないという主張につながり、後者は、教授・学習は発達の「尻にくっついて行く」のではなく、「発達に先回りする」べきものであり、適切な教育的課題は発達の最近接領域内において与えられなければならないという考えをもたらしている。

　前者の発達診断学にかんする点については、「年齢の問題」（ヴィゴツキー『新・児童心理学講義』柴田義松他訳、新読書社、二〇〇二年所収）においてヴィゴツキーはさらに具体的に論じており、また、後者の教授・学習理論の点については、『思考と言語』第六章（柴田義松訳、新読書社、二〇〇一年）でも詳細に論じられている。さらに、「子どもの心理発達における遊びとその役割」（ヴィゴツキー他『ごっこ遊びの世界』神谷栄司訳、法政出版、一九八九年所収）では、発達の最近接領域は就学前期における遊びと関連して論じられている。あわせて参照されたい。

＊この論文は一九三三〜三四年度に執筆された（三五年版および五六年版註）。
　本邦訳のオリジナル・テクスト（三五年版）のほかに、エリ・エス・ヴィゴツキー『心理学研究選集』（編集＝ア・エヌ・レオンチェフ、ア・ペ・ルリヤ、教育科学アカデミー出版、一九五六年）所収の同名のテクストがある。後者の註によれば、後者は前者を底本にしているようだが、後者には前者からの削除個所がいくつかある。五六年版テクストにおける削除箇所には傍線をつけておいた（訳註）。

教授・学習と発達をめぐる三つの理論

学齢期における教授・学習と子どもの発達の関係にかんする問題はもっとも中心的で基本的な問題です。し、この問題をぬきにしては教育心理学や教育過程の児童学的分析の諸問題は、正しく解決されないばかりか、正しく問題を設定することもできません。しかし実際には、この問題は、それによって子どもの発達にかんする科学を教授・学習過程の解明に応用することが行われるあらゆる基本的概念のなかで、もっとも曖昧かつ不明瞭なものなのです。この問題の理論的不明瞭さは、もちろん、この問題がこの領域にかかわる現代的研究のすべての総体からまったく除外されるということを意味しません。どんな具体的研究もこの中心的理論問題を避けることはできません。もし、この問題が方法論的に不明瞭なままですと、それはもっぱら、理論的に不明瞭な、批判的に考察されない、時には内的に矛盾した無自覚的な公準や、この問題の解決には無関係な前提が、具体的研究の基礎におかれることを意味します。もちろん、それらは一連の間違いの源泉となるものです。

この領域で出会うもっとも深刻な間違いや困難の源泉を一つの根源に帰着させるとするなら、このような一般的な根源こそ、まさに私たちによって検討される問題であるといっても誇張ではないでしょう。大多数の研究の基礎に横たわる問題の無自覚的で不明瞭な理論的解決をあばきだし、一連の実験研究や理論的見地をもとにしてそれらを批判的に考察して、まったく基本的で圧縮された形であっても、私たちが関心を抱く問題のより正しい解決を指し示すことは、私たちの課題となるものです。本質的にいえば、子どもの発達と教授・学習との関係にかんする問題について現存する解答を、図式的につぎの三つの基本的グループに分けてみることができます。以下それらが最もはっきりと完全に表現されている場合を例にとって、個々に検討してみることにしましょう。

●教授・学習からの発達の独立性——ピアジェらの批判

科学の歴史において提起された第一群の解答は、子どもの発達過程の教授・学習過程からの独立性という命題を、その中心としています。この理論においては、教授・学習は、子どもの発達の進行になんらかの形で調和しなければならない純粋に外的な過程として見られます。しかし、この過程は自らが子どもの発達に積極的に加わるということはなく、またその発達における何かを変化させるということもありません。それは、発達の進行を押し進めたり、その方向を変化させたりするというよりも、発達の成果を利用するにすぎません。この理論の典型的な代表としては、ピアジェのきわめて複雑な興味ある思想をあげることができます。彼は、子どもの思考の発達を子どもの教授の過程から完全に切り離して研究しています。

学齢児の思考発達の研究者が、この過程は子どもの学校での教授・学習という事実とは無関係であるということを原理的前提として出発しているという事実は、驚くべきことですが、今日までこの事実は批判者の注意をひくこともありませんでした。子どもの推理や理解、子どもの世界観、物理的因果関係の解釈、思考の論理的形式や抽象的論理の習得を、この研究者は、あたかもこれらの過程がひとりでに、学校での教授・学習によっていかなる何らの影響もうけずに進むものであるかのように見なしています。

ピアジェにとっては、子どもが問題の解答に何らかの学習的準備をする可能性を排除するばかりか、一般に子どもが解答にたいしてもつあらゆる準備をも完全に排除するような材料にもとづいて行われる、子どもの知的発達の研究方法は、技術上の問題ではなくて原理的問題でありました。この方法がもつ長所・短所のすべてがまったく明瞭に示されうるような典型的な事例となるものは、ピアジェが子どもとの臨床的対話で使ったどの質問もそうしたものになりえます。五歳の子どもに、どうして太陽は落ちないのときくときに、子どもがこの質問にたいして何らの用意された解答も持たないばかりか、一般に、子どもがどんなに天才的な才能の持主であったとしても、いくらかなりとも満足すべき解答をすることは決してないであろうということが、念頭におかれているのです。このような、子どもにまったく解きえないような質問を出すことの意味は、こうであります。つまり、子どもの知識、経験、教授・学習とは完全に、絶対的に無関係な子どもの思考傾向をその純粋な形において把握するために、こうして子どもの過去の経験、過去の知識の影響を完全に排除し、わざと新しい、子どもには解きえないような質問にたいして子どもの思考を働かせようとするのです。ピアジェの考えを延長し、そこから教授・学習にかんする結論を導き出すとすれば、それはわが国の研究においてもしばしば見られるような問題設定にきわめて近いものとなるであろうことは容易に推測されます。私たちは、ピアジェ理論において極端で不自然な形で表現されているような、発達と教授・学習との関係にかんする問題提起に、きわめてしばしば出くわします。しかし、この問題設定がここで論理的限界にまで、まったくばかばかしさにまで行き着いていることを示すのは、むずかしいことではありません。

教授・学習過程の面での児童学の課題は、ある知識領域の習得やある習熟の獲得のために必要な機能・活動様式・知的能力が、子どもにどの程度発達しているかを確認することにある、としばしば述べられています。たとえば、算数の教授・学習にとって十分に発達した記憶・注意・思考などをもっていなければならないと仮定されています。児童学の課題は、算数の教授・学習が可能となるためにこの機能がどれだけ成熟しているかを確認することにあります。

ここでは、これらの機能の発達過程は教授・学習過程にまったく無関係であると考えられていることや、これら両過程を時間的に切り離してさえいることを見いだすのは容易です。発達はそれ自身の一定の完全なサイクルを歩まねばなりません。学校が子どもに一定の知識・習熟の教授・学習をはじめるまえに、一定の機能が成熟していなければなりません。発達のサイクルはつねに教授・学習のサイクルに先行します。教授・学習は発達の尻の後について行きます。発達はつねに教授・学習の前を行きます。すでにこれだけでもう、教授・学習の進行によって活発化するはずの機能の発達や成熟の過程において、教授・学習そのものがどのような役割を果たすのか、という問題提起のあらゆる可能性は失われてしまうのです。これら機能の発達や成熟は、教授・学習の結果というよりも、その前提にされます。教授・学習は発達の上に建て増しされるものであり、発達に本質的な変化を加えるようなものではない、ということになります。

●教授・学習はそのまま発達である――ジェームズらの批判

この問題にたいする第二群の解答は、これとは反対のテーゼ、教授・学習とは発達であるというテーゼを中心に統合することができます。このテーゼは、このグループの理論の本質そのものを表現する、圧縮された正確な公式であります。これらの理論そのものは、きわめてさまざまな基盤をもとに発生しています。

最近、わが国では反射学をもとにした、本質的に古い理論の強力な復活が見られました。教授・学習は条件反射の形成に帰着するという公式は、読み書きの教授・学習であれ、算数の教授・学習であれ、本質的にいえば、上述したこと、つまり、発達は条件反射の教育であるということを指していっているのです。すなわち、教授・学習は、完全に不可分に子どもの発達に合流するのであります。より古い形式や他の根拠にもとづいて、この思想はジェームズによって発展させられました。彼は、現代の反射学と同様に、生得的反応と後天的反応とを区別しながら、教授・学習過程を習慣の形成へと帰着させ、教授・学習過程を発達過程と同一視したのです。

ちょっと見た目には、この観点は前のものと比較してはるかに進歩的なものに見えるかもしれません。なぜなら、前の観点は教授・学習と発達の過程の完全な分離をその基礎にしているのに対して、この観点は教授・学習が子どもの発達過程において中心的意義をもつものと見るからです。しかし、この第二群の解答をより近よって検討してみると、これら二つの観点はいかにもまったく対立したもののよう見えますが、その根本においては一致し、たがいにきわめて似た点があることが明らかになります。「教育は、行動の獲得された習慣と行為への傾向との組織化として、もっともよく定義されうる」とジェームズは語っています。そして発達そのものも、基本的には、ありとあらゆる反応の集積に帰せられるのです。すべての獲得された反応は、普通、ある対象がまずそれを呼びおこす傾向をもつ生得的な反応のより複雑な形式か、それともそれの代理となるものかである、とジェームズはいいます。ジェームズはこの命題を、あらゆる獲得の過程、すなわち発達過程の基礎に横たわり、教師のあらゆる活動を方向づける一般原理だとよんでいます。ジェームズにとっては、どの人間も習慣の生きた複合体にすぎないのです。

この観点からすれば、児童学と教育学、発達科学と教育科学の関係はどのようになるのか、と問うてみましょう。これらの関係は二つの水滴のように、先行する理論が描いたものに似ていることがわかります。児童学は発達もしくは習慣の獲得の法則についての科学でありますが、教授は技術です。科学は限界を述べます。その限界内において規則・技術・法則は適用されますし、技術に従事する人は、それを越えることはできないのです。新しい理論はもっとも基本的な点において古い理論を反復しているように思われます。発達の基礎は、純粋に自然主義的過程として考えられています。すなわち、生得的な反応の複雑化または代理化の自然的過程です。その法則は自然法則です。そこでは教授・学習は何ものをも変えることはできず、その法則は教授・学習のための限界を述べており、教授・学習はそれを超えてはいけないのです。

生得的な反応はその流れのなかで自然法則に従っています。このことはおそらく確証を必要としないでしょう。より重要なことは、習慣とは第二の自然であり、あるいはベリンフトンが述べているように、習慣は自然より十倍も強力である、というジェームズの主張です。

この思想は、つぎのように表現すると、もっとはっきりするでしょう。発達の法則は、この理論のグループにおいても、自然的な法則と見なされています。教授・学習はこの法則を、技術が物理法則を考慮しなければならないのと全く同じように考慮しなければなりません。また、そこでは教授・学習は、どんなに完全な技術でも自然の一般法則を変化させることには無力であるのとまったく同様に、無力なのです。

しかし、これら二つの理論は、どんなに似ていたとしても、本質的な相違を持っています。この相違は、教授・学習過程と発達過程の時間的関連に注意を向けるときに、もっとも明瞭にあらわれます。先にも述べたように、第一の理論家たちは、発達のサイクルは教授・学習のサイクルに先行する、と主張します。成熟が教授・学習の前を行くのです。学校での過程は、精神形成の尻の後についていきます。第二の理論にとっては、これら両過程は均等に、平行して進行し、教授・学習の一歩一歩が発達における歩みに対応しています。影が自分を映ずる対象に従うのと同じように、発達は教授・学習に従います。このような比喩すら、この理論の見方からすればあまりにも大胆に過ぎるでしょう。なぜなら、この理論は、発達と教授・学習過程をまったく区別せずに、これらの完全な融合・同一化から出発するものであり、したがって、両過程のあいだのもっとも緊密な連関、依存関係を前提とするからです。発達と教授・学習は、この理論にとっては、二つの合同な幾何図形のように、あらゆる点で一致するものです。だから、どちらが先行し、どちらが後に従うかというような問題は、この理論の観点からすれば、いうまでもなく無意味なものとなり、

●教授・学習と発達の二元論――コフカからの批判

それらの同時性・共時性がこの種の学説の基本的ドグマとなるのです。

第三群の理論は、これらの両極端を単純に結びつけることよって克服しようとします。すなわち、一方では、発達過程は教授・学習とは無関係な過程だと考えられ、他方では、子どもが数々の新しい行動形式を獲得していく過程である教授・学習は、発達と同じものだとも考えられます。このようにして、発達にかんする二元論が生まれました。そのもっとも顕著な代表としては、コフカの子どもの精神発達にかんする学説をあげることができます。この学説によれば、発達はその基礎に、たがいに結びつき相互に規定しあっているとはいえ、その本性においては異なる二つの過程をもっています。一つは、神経系の発達に直接に依存する成熟であり、もう一つは、コフカの有名な定義によれば、それ自身が発達過程でもあるところの教授・学習です。

この理論の新しさは、つぎの三つの点にあります。第一に、すでに述べたことですが、科学の歴史のうえで以前に互いに別々にあらわれたところの二つの対立する観点が結びつけられています。一つの理論のなかにこれら二つの観点が結びつけられているという事実そのものが実はすでに、これら二つの観点は互いに矛盾するものでも排斥しあうものでもなくて、本質においては、共通するものをそれぞれがもっていることを示しています。

この理論の第二の新しい点は、発達をもたらす二つの基本的過程の相互的影響、相互依存性の思想です。なるほど、この相互的影響の性格は、コフカの有名な著作ではほとんど解明されていません。コフカは、二つの過程のあいだに関連があるということを、ごく一般的に指摘するにとどまっています。しかし、この指摘からもわかるように、成熟過程は一定の教授・学習過程を準備し、それを可能にするものです。そして教授・学習過程は成熟過程を刺激し、それを前進させるかのようです。

●新しい形式陶冶の理論

最後に、この理論の第三のもっとも本質的な新しさは、子どもの発達過程における教授・学習の役割の拡大です。この点については、いくらか詳細に検討してみる必要があります。これは、古くからの教育学的問題、最近はやかましくいわれることもなくなりましたが、普通、形式陶冶の問題とよばれているものを思い起こさせます。ヘルバルトの体系にもっとも明瞭にあらわれているこの形式陶冶の思想は、周知のように、子どもの一般的な知能発達という意味で、各教科が一定の意義をもつことを認めています。さまざまな教科が、この観点によれば、子どもの知能の発達にたいしてさまざまな価値をもちます。

周知のように、この思想にもとづく学校は、古典語、古代文化、数学のような教科を教授の中心におきました。種々の教科の生活的価値には関係なく、子どもの一般的な知的発達にもっとも価値ある学科を第一番に重視せねばならないと考えたのです。周知のように、この形式陶冶理論は教授・学習の領域で、これに対する極端な反動としての実践的結論を生みだしました。私たちが上にみた第二群の理論も、ある程度は、これに対する反動でありました。つまり、教授・学習を子どもの発達のたんなる手段とみて、子どもの知能を訓練すべきたんなる体操、形式陶冶とみるかわりに、教授・学習に自立的な意義を取り戻そうと、それは試みたのです。

形式陶冶の基本的思想が根拠薄弱であることを示すような一連の研究があらわれました。これらの研究は、ある一定の領域での教授・学習が一般的発達には極めてわずかしか影響をおよばさないことを示しました。たとえば、ウッドワーズやソーンダイクは、特別の訓練の後、一定の短い線の目測に大きな成果をあげた大人が、長い線を目測する能力では、ほとんど何らの進歩も示さなかったこと、またこの大人は、練習によって一定の形の平面の大きさをあてることに上達しましたが、さまざまの大きさや形の平面についてそれをするときにはその三分の一の成績さえあげられないことを発見しました。ジルベルト、フラッカー、マルチンは、ある種の信号にたいして敏速に反応する練習は、他種の信号に敏速に反応することにはあまり影響をおよぼさないことを明らかにしました。

たいていは同じような結果をあらわすこの種の研究なら、さらにいくつでもあげることができます。これらはまさしく、ある一つの形式の活動についての特別の教授・学習は、たとえその形式の活動にきわめて類似していたとしても他の形式の活動には、ごくわずかしか影響をおよぼさないということを示しています。生徒が毎日生みだしている個別的反応が、かれらの知的能力全体をどれだけ発達させるかという問題は、教科の一般的な教育的意義にかんする問題であり、簡単に言えば、形式陶冶にかんする問題であると、ソーンダイクはいいます。

「これにたいし、心理学者、教育学者の与える普通の解答は、すべての個別的な獲得、発達のすべての特殊な形式が、直接に均等に一般的な能力を改善するというものです。教師はこの理論に基づいて、知能というのは、観察力・注意力・記憶力・思考力などの能力の複合物であり、ある一つの能力におけるどの改善も、すべての能力にとって改善となると考え、行動しました。この理論によれば、ラテン語と文法に強い注意を集中することは、あらゆる事柄にたいする注意集中の能力を強化することを意味するようになるでしょう。つまり普通の考えというのはつぎのものです。正確さ・俊敏さ・思慮深さ・記憶・観察力・注意・集中力などの言葉は、これらのものが働いた材料に依存して変化する現実的・基本的能力を意味するのであり、これらの基本的能力は個々の対象の研究によっていちじるしく変化するのです。これらの能力は、それが他の領域に向けられた場合にも、この変化を保持します。だから、もし人がある一つのことを上手く行うよう訓練されたなら、ある神秘な結びつきのおかげで、彼は、前のものとは何ら関係のない他の事柄についても上手く行うようになるでしょう。知的能力というものは、それが操作する材料には無関係に働くと考えられます。ある一つの能力の発達は、他の能力の発達をも導くとさえ考えられるのです。」

このような観点に、ソーンダイクは反対し、一連の研究にもとづいて、この考えの誤りを示そうとしました。彼は、活動のあれこれの形式が、その活動のあつかう具体的材料に依存することを示したのです。一つの個別的能力の発達が他の能力の発達をも意味することは、めったにありません。この問題の綿密な研究によれば、能力の特殊化ということは、表面的な観察から考えられるよりもはるかに大きい、と彼はいいます。たとえば、一〇〇人の人間のなかから、正字法の誤りを見つける能力あるいは長さを測る能力に秀でた一〇人を選んだとすると、この一〇人が、物の重さを正確に測ることにかけて優れた能力をあらわすことはまずありません。同じようにして、足し算の速さ・正確さが、ある単語の反対語を考えつく速さ・正確さに結びつくことはまったくないのです。

これらの研究は、意識というものは観察力・注意・記憶・判断など幾らかの一般的能力の複合物では決してなくて、多数の個別的能力の総計であり、その各々はある程度まで他とは無関係な能力であって、独立的に訓練がなされねばならないことを示しています。教授・学習の課題は、思考するという一つの能力を発達させることにあるのではありません。それは、さまざまの種類の対象について思考する多数の特殊的能力を発達させることを課題とします。注意の一般的能力を変化させることではなくて、さまざまの種類の対象に注意を集中するさまざまの能力を発達させることが教授・学習の課題となるのです。

特殊的な教授・学習が一般的発達におよぼす影響を保障する方法は、同一の要素、材料の同一性、過程そのものの同一性のもとでのみ作用します。習慣が私たちを制御します。ここからは当然ながら、意識を発達させるということは、たくさんの互いに無関係な個別的能力を発達させること、多くの個別的習慣を形成することを意味する、という結論が生まれます。なぜなら、各能力の活動は、その能力があつかう材料に依存するからです。意識の一機能あるいは意識の活動の一側面の改善は、他の機能あるいは活動と共通の要素をそれがもつ限りにおいて、他の機能ないし活動の発達にも影響をもたらすことができるのです。

●構造的原理の転移

このような見解に、私たちがいう第三群の理論は、反対の立場をとります。構造心理学は、教授・学習過程は習慣の形成だけに帰せられるようなものでは決してなく、この過程はある一つの問題の解決において発見された構造的原理を他の一連の問題にも転移しうるような知的性質の活動を含むものであることを明らかにしましたが、こうした構造心理学の成果にもとづいて、この理論は教授・学習の影響はしばしば特殊的ではない、という命題を提起します。ある何らかの個別的操作を学習する子どもは、そのことによって彼があつかうさまざまな材料とは関係なしに、一定のタイプの構造を形成する能力を獲得します。こうした能力の獲得は、その構造に含まれる個々の要素には関係しないのです。

このようにして、第三の理論は、その新しい本質的な要素として、ふたたび形式陶冶の学説に回帰することになり、そのことによって、自己自身の発端の原理に矛盾するようになります。まえに述べたように、コフカは、教授・学習は発達でもあるといって、古い公式をくりかえしています。しかし、その教授・学習はたんなる習慣の獲得の過程とは彼には考えられないので、教授・学習と発達の関係も同一性ではなくて、もっと複雑な性格をもつものとなります。ソーンダイクにおいては、教授・学習と発達が、二つの等しい幾何図形の合同の場合のように、あらゆる点において一致するとすれば、コフカにおいては、発達はつねに教授・学習よりもより広い円となります。二つの過程の関係を図式的にあらわすとすれば、それは二つの同心円によって示すことができます。そのうち小さい円は、教授・学習の過程をあらわし、大きな円は、教授・学習によってよび起こされた発達の過程をあらわします。

子どもがある操作を行うことを覚えたとします。そのことによって彼は、ある何らかの構造的原理を習得したことになるのですが、その原理の適用される範囲は、その原理が習得されたタイプの操作よりも、もっと広いものです。したがって、教授・学習において一歩進んだ子どもは、発達においては二歩進む。つまり、教授・学習と発達とは一致しないのです。

私たちが検討した以上三つの理論は、教授・学習と発達の関係にかんする問題にそれぞれ異なった解答をしているわけですが、それらを出発点にしつつ、この問題にたいしてより正しく解答することを可能にしてくれます。私たちにとってこの解答の出発点となる事実は、子どもの教授・学習は、学校での教授・学習がはじまる以前に、ずっと早くからはじまっているという事実であります。本質的に言えば、学校は決して真空のなかで始まるのではありません。子どもが学校で出会うあらゆる教授・学習は、つねにその前史をもっています。たとえば、子どもは学校で算数の学習を始めます。しかし、子どもは学校へはいるずっと以前から、すでに量にかんするいくらかの経験をもっており、あれこれの分配の操作、大きさの測定、足し算や引き算にすでに遭遇してきました。したがって、子どもには就学前の算数というものがあるのであって、近視眼的な心理学者のみが、これを認めなかったり、無視したりできるのです。

学校での教授・学習の前史

線密な研究が示していることですが、この就学前の算数というものはきわめて複雑なものであり、つまり、子どもは、学校で算数の教授・学習をうけるずっと以前から算数的発達の道を歩んでいるのです。たしかに、この学校での教授・学習の就学前における前史は、子どもの算数的発達におけるある段階と他の段階とのあいだに存在するような直接的継承性を意味するものではありません。

学校での教授・学習の路線は、何らかの領域における子どもの就学前の発達路線の直接的延長ではありません。それぱかりか、この路線はある点では横の方へ方向を転じたり、就学前の発達路線とは反対の方向へ進むことさえあるかもしれません。しかし、学校の仕事が就学前の教授・学習の直接的延長であるのか、それともその否定であるのかということは別として、ともかく私たちは、学校での教授・学習は決して真空のなかで始まるのではなく、つねに子どもが学校へ来るまでになしとげた一定の発達段階というものを前提にして行われるという事情を無視することはできないのです。

それぱかりか、シュトゥンプフやコフカのような研究者が学校での教授・学習と就学前での教授・学習とのあいだにある境界を拭い取ろうとして出した論拠は、きわめて説得力のあるもののように思われます。注意深い観察は、教授・学習が学齢期になってはじめて始められるものではないことを容易に見出します。コフカは、教師に子どもの教授・学習の法則とそれの子どもの知的発達との関係を解明しようとして、自分の全注意を、まさに就学前において行われる教授・学習のきわめて単純なプリミティブな過程に集中させています。

彼の誤りはつぎの点にあります。すなわち、彼は、就学前と学校の教授・学習のあいだに類似を見るだけで、そのあいだにある相違を見ませんし、学校での教授・学習の事実によってもたらされる特殊な新しいものに目をつけなかったことです。そして、明らかにシュトゥンプフにしたがい、この相違は、たんに一方では子どもの系統的な教授・学習が行われないが、他方では、それが行われるという点にあるにすぎないと考える傾向がありました。問題はおそらく系統性だけにあるのではなくて、学校での教授・学習が子どもの発達過程に何らかの原理的に新しいものを持ちこむという点にあります。しかし、これらの著者の正しさは、教授・学習は学齢期が始まるずっと以前から存在するという疑いのない事実を指摘した点にあります。実際、子どもは大人からことばを学んでいないのでしょうか。質問をしたり答えたりしながら、子どもは大人から多くの知識を得ていないのでしょうか。大人を真似たり、大人からどのようにするべきかの教示を受けたりしながら、子どもは多くの習熟を形成していないのでしょうか。

もちろん、学齢期が始まる前に行われるこのような教授・学習過程は、科学的知識の基礎の習得を目指す学校での教授・学習過程とは本質的に異なっています。しかし、子どもがはじめてあれこれの質問をする時期に周囲の事物の名称を習得するときにおいてさえ、子どもは実際、教授・学習の一定のサイクルを通過します。このようにして、教授・学習と発達とは学齢期においてはじめて出会うのではなく、事実上、子どもの生活の初日から相互に結びついているのです。

このようにして、私たちが自らに課すべき問題は、二重の複雑さを獲得します。それは二つの別々の問題に分けられるかのようです。私たちは、第一に、教授・学習と発達一般のあいだに存在する関係を理解しなければなりませんし、さらに、この関係が学齢期ではどのような特質をもつのかを理解しなければなりません。

二つの発達水準と発達の最近接領域

第二の問題からはじめましょう。それは、私たちの興味をひく第一の問題をも明らかにしてくれるでしょう。この問題を解くために、私たちは、ある研究の結果について詳しく述べることにしましょう。それは、私たちの観点からすれば、ここでの問題のすべてにたいして原理的な意義をもつものであり、それなしには、問題を正しく解決することもできないというほどに、きわめて重要な新しい概念を科学にもたらすことができるものです。その概念とは、いわゆる発達の最近接領域のことです。

教授・学習が子どもの発達水準に何らかの形で調和しなければならないということは、経験的に確認され、何度も検証された、争う余地のない事実です。読み書きは一定の年齢に達した子どもにのみ教えうること、一定の年齢に達した子どものみが代数を学習しうるようになること――これらを論証する必要はないでしょう。こうして、発達水準とその教授・学習の可能性への関係をこのように規定することは、確固とした基本的事実であり、疑いの余地のないものであり、こうした基本的事実から出発することができるのです。

しかし、ようやく最近になって、発達過程と教授・学習の可能性との真の関係を規定しようとするときに、発達水準を規定するだけに終わってはならない、ということに注意が向けられるようになりました。私たちは、少なくとも子どもの発達の二つの水準を明らかにしなければなりません。それを知ることなしには、ひとつひとつの具体的状況において、子どもの発達の進行とその教授・学習の可能性とのあいだの正しい関係を見出すことはできないのです。その一つを、私たちは、子どもの現在の発達水準とよびます。ここで私たちが念頭においているのは、すでに完結したある発達サイクルの結果として子どもに形成された精神機能の発達水準です。

本質的にいえば、テストによって子どもの知的年齢を規定するとき、ほとんどつねに、こうした現在の発達水準を問題にしているのです。しかし、この現在の発達水準は子どもの今日の発達状態をまだ十分に明らかにするものではないということを、普通の経験は示しています*。二人の子どもを検査し、両者とも知的年齢が七歳だったと仮定しましょう。これはつまり、二人とも七歳の子どもに可能な問題を解決したということを意味します。しかし、私たちがこれらの子どものテストをさらに押し進めていくと、二人の子どものあいだに本質的な差異のあることがわかります。一人の子どもは、誘導的な質問・範例・教示の助けによって彼の発達水準を二年も追いこすようなテストを容易に解くことができます。他の子どもは半年先のテストしか解くことができません。

*これ以降の叙述は、今日でも西側諸国で普及しているテストによる子どもの知的発達の研究手法にたいする原理的批判に向けられている。この批判の基本的諸命題は、今日でもアクチャルなままである（五六年版編者註）。

私たちは、ここで発達の最近接領域を規定するのに必要な中心的概念に直接に出会うことになります。この中心的概念は、今度は、現代心理学における模倣の問題の再評価と結びついています。

●模倣の位置づけ

これまでの定説では、子どもの知的発達水準の指標となりうるものは、子どもの自主的活動だけであって、模倣は決してそのようなものとはなりえないという命題はゆるぎないものだと考えられてきました。この見解は、現代のあらゆるテスト研究のシステムのなかにも表現されています。子どもが自主的に、他人の助けなしに、提示なしに、誘導的質問なしに解いたテストの解答だけが、知的発達を評価するさいに考慮されるのです。

しかし、このような見解は、研究が示しているように、根拠のあるものではありません。すでに動物実験が示したことですが、動物の模倣しうる行為は、その動物自身の可能性の領域内にあるものです。つまり、動物は、あれこれの形式でかれ自身に可能な行為のみを模倣することができるだけなのですが、その際、ケーラーの研究が明らかにしているように、動物における模倣の可能性は、ほとんど彼自身の行為の可能性という範囲をこえることはありません。このことは、動物に、何らかの知的行為を真似ることができるとすれば、動物はかれ自身の自主的活動のなかでも、一定の条件のもとで、それに充全に類似した行為をおこなう能力を発揮することができる、ということを意味します。このようなわけで、模倣は理解と緊密に結びついており、模倣は動物の理解しうるような行為の領域でのみ可能なのです。

子どもにおける模倣の本質的な特色は、子どもが自分自身の可能性の限界をはるかにこえた――しかしそれは無限に大きいとは言えませんが――、一連の行為を模倣しうる点にあります。子どもは、集団活動における模倣によって、大人の指導のもとであるなら、理解をもって自主的にすることのできることよりもはるかに多くのことをすることができます。大人の指導や援助のもとで可能な問題解決の水準と、自主的活動において可能な問題解決の水準とのあいだのくいちがいが、子どもの発達の最近接領域を規定します。

上述の事例を思い起こしましょう。私たちのまえに知的年齢が同じ七歳の子どもが二人います。しかし、そのうちの一人は、ちょっとした援助で、九歳の問題を解きますが、もう一人は七歳半の問題しか解きません。この二人の知的発達は同じでしょうか。かれらの自主的活動という点では同じです。しかし、発達の最近接可能性という点では、それは鋭く分かれます。大人の援助をえて子どもがすることのできるものは、私たちに彼の発達の最近接領域を示してくれます。これは、この方法によって、今日ではすでに完成した発達過程、すでに完結した発達サイクル、すでに通過した成熟過程だけでなく、現在生成しつつある過程、成熟しはじめたばかりの、発達しはじめたばかりの過程をも考慮することができることを意味します。

子どもが今日、大人の助けを受けてできることを、明日には、彼は自主的にできるようになるでしょう。こうして、発達の最近接領域は子どもの明日を、発達においてすでに到達したものだけでなく成熟過程にいまあるものを考慮するような、子どもの発達のダイナミックな状態を規定することを助けてくれます。上述の二人の子どもは、すでに完結した発達サイクルの点では同一の知的年齢を示しています。しかし、かれらの発達のダイナミズムはまったく異なっています。このようなわけで、子どもの知的発達の状態は、少なくとも二つの水準——現在の発達水準と発達の最近接領域——を明らかにすることによって、規定されうることになります。

●発達診断学と教育学

こうした、たいして重要とも思われないかもしれない事実それ自身が、実際には、決定的な原理的意義をもち、教授・学習過程と子どもの発達との関係にかんする学説全体に大転換をもたらします。なによりもそれは、どのようにして発達診断学から教育学的結論をひきださねばならないか、という問題についての伝統的観点を変化させます。これまでは、問題はつぎのように考えられていました。テストを実施することにより、教育学が考慮すべき子どもの知的発達の水準、その境界より先へは教育学が進んではならない水準を確定する、というように。このように、この問題のたて方そのもののなかに、教授・学習は子どもの昨日の発達、すでに通過し完了した段階を目標としなければならない、という思想がふくまれています。

このような見解の誤りは、理論において明らかにされる以前に、実践のなかで発見されました。それは、知的遅滞児の教授・学習を事例にするとき、もっとも明瞭に示されます。周知のように、知的遅滞児は抽象的思考の能力が弱いことを、研究は明らかにしています。ここから、障害児学校の教育学は、このような子どものすべての教授・学習は直観性に基礎をおかねばならないという正しい結論をひきだしたかに思われました。しかし、この方面の多数の経験は、障害児教育学に深い幻滅をもたらしました。もっぱら直観性に基礎をおき、教授から抽象的思考と結びついたいっさいのものを排除したこのような教授・学習システムは、子どもが自分の自然的欠陥を克服するのを助けないばかりか、子どもをもっぱら直観的思考に慣れさせ、このような子どもにもやはりいくらかは存在する抽象的思考のか弱い萌芽をおし殺すことによって、その欠陥をさらに強化することがわかりました。ひとりに放っておかれた知的遅滞児は、抽象的思考のいくらかでも発達した形式に到達することは決してないがゆえにこそ、学校の課題は、全力をあげて子どもをまさにこの方面に向かって前進させ、かれらの発達において不十分であるところのものを発達させることにあるのです。現代の障害児学校の教育学には、直観性のこのような理解からの有益な転換が見られます。この転換は、直観的教授・学習の方法そのものに、その真の意義をあたえるものです。直観性が必要かつ不可欠であるのは、抽象的思考の発達の一段階として、手段としてあって、自己目的としてではありません。

●コンプレックス・システムと思考

これにきわめて近いことが、ノーマルな子どもの発達においても起こります。すでに完結した発達サイクルを目標とする教授・学習は、子どもの一般的発達という観点からは無為であり、そのような教授・学習は、発達の過程を自分にしたがえるのではなくて、それの尻にくっついて行くことになるのです。

古い観点とは異なり、発達の最近接領域にかんする学説は、これとは対立的な、発達に先回りする教授・学習のみがすぐれているという公式を提起することを可能にします。この観点の正しさは、複合的教授・学習を事例に確認されます。まだ、すべての人々には、児童学的観点からの、教授・学習のコンプレックス・

システムの弁護は記憶に新しいものです。児童学は、コンプレックス・システムが子どもの本性に照応しているということをあらゆる点で論証してきましたが、その点において、児童学は正しくなかったかどうかを問うてみましょう。

このシステムの児童学的弁護の誤りは、児童学が間違った事実をもとにしたということではなく、それが、問題そのものを間違って設定したということにあるように思われます。学校に入学した子どもには、思考のコンプレックス・システムがよりふさわしいというのは正しいことです。しかし、この思考のコンプレックス・システムは子どもの就学前の発達のすでに完結した段階であるということも、やはり正しいのであり、このシステムを目標とすることは――子どもの発達のノーマルな進行において学齢期になると消滅し、重要性を失い、思考の新しいより完全な形式に場所を譲り、自らの否定を介して体系的思考の形式へと転換しなければならない、そのような形式や機能を子どもの思考のなかに強化することを意味する、ということも正しいのです。もし、このシステムを擁護する児童学者が、教授・学習と子どもの発達の過程との調和についての問題を、昨日の観点からではなく、発達の明日の観点から設定したとするなら、彼らは、こうした誤りをおかさなかったでしょう。それと同時に、私たちはより一般的な形で、教授・学習と発達との関係にかんする問題を定式化する可能性を得ることになります。

●ことばと高次精神機能

私たちは、ここでは引用しませんが、それに依拠することのできる多数の研究から、人間に特有の、人類の歴史的発達過程であらわれた、子どもの高次精神機能の発達過程は、きわめて独自な過程であることを知っています。私たちは他の場所で、高次精神機能の発達の基本法則をつぎのような形に定式化しました。あらゆる高次精神機能は子どもの発達において二回あらわれます。最初は集団的活動・社会的活動として、すなわち、精神間機能として、二回目には個人的活動として、子どもの思考内部の方法として、精神内機能としてあらわれます。

ことばの発達の事例は、この点の問題全体にたいする枠組みとなりえます。ことばは、はじめは子どもとまわりの人間とのあいだのコミュニケーションの手段として発生します。その後、内言に転化するようになってはじめて、それは子ども自身の思考の基本的方法となり、子どもの内的精神機能となります。ボールドウィン、リニヤーノおよびピアジェの研究が示したように、まずはじめ子どもの集団のなかに口論が発生し、それとともに自分の考えを論証しようとする欲求が発生します。そしてその後にはじめて、子どもが自分の考えの根拠を意識化し、確かめることをおぼえるのを特質とする、内的活動の独自な素地としての思惟が子どもに発生します。「私たち自身も言葉を喜んで信用しますが、コミュニケーションの過程でのみ、考えを検討し確認する必要性が生ずるのです」とピアジェは語っています。

内言や思考が子どもとまわりの人間との相互関係から発生するのとまったく同じように、子どもの意志発達の源泉となるのも、この相互関係です。ピアジェは最近の研究で、子どもの道徳的判断の発達にかんして、その基礎には協同がよこたわっていることを示しました。他の研究は以前から、はじめに子どもの集団的遊びのなかで自分の行動を規則にしたがわせる能力が発生し、その後にのみ、子ども自身の内部機能として行動の意志的調整が発生することを確証していました。

ここで個々の事例について見られるものは、児童期における高次精神機能の発達の一般法則を例解しています。この法則は、子どもの教授・学習過程にも完全に適用することができるように思われます。以上に述べられたことから、教授・学習の本質的特徴は、教授・学習が発達の最近接領域を創造するという事実にある、すなわち、いまは子どもにとってまわりの人たちとの相互関係、友だちとの協同のなかでのみ可能であることが、発達の内的過程が進むにつれて、のちには子ども自身の内的財産となる一連の内的発達過程を子どもに生ぜしめ、覚醒させ、運動させるという事実にある、と断言してもよいでしょう。

教授・学習は、この観点からすると、発達ではありません。しかし、子どもの、正しく組織された教授・学習は、子どもの知的発達を先導し、教授・学習の外では概して不可能であろうような一連の発達過程を生じさせます。教授・学習は、このようなわけで、子どもにおける人間の——自然的特質ではなく——歴史的特質の発達過程において、内的に必然的な普遍的モメントなのです。

自分のまわりのことばを聞くことのできない聾唖の両親をもつ子どもは、ことばの発達の自然的素質をすべてもっているとしても唖にとどまり、それと同時に、ことばと結びついた高次精神機能もかれには発達しませんが、それとまったく同様に、教授・学習のあらゆる過程は、一般にそれなしには子どもの発達のなかに発生することのできない一連の過程を子どもに生ぜしめる発達の源泉なのです。

●子どもの教授・学習と大人の教授・学習

発達の源泉としての教授・学習、発達の最近接領域を創造する教授・学習の明瞭な役割は、子どもの教授・学習と大人の教授・学習との過程を比較対照すれば、より明らかとなります。最近までは、大人の教授・学習と子どもの教授・学習とのあいだの相違にはほとんど注意が向けられてきませんでした。周知のように、大人もまた、学習にたいするきわめて高い能力を持っています。二五歳以降の大人は新しい思想を獲得することはできないというジェームズの考えは、現代の実験研究の過程で論破されています。しかし、大人の教授・学習が子どもの教授・学習とはどの点で原理的に異なるのかという問題は、いまだに十分には解明されていないのです。

実際、上述の教授・学習の過程を習慣の形成に帰してしまうソーンダイク、ジェームズその他の理論の観点に立つならば、大人と子どもの教授・学習のあいだに原理的な相違は存在しません。このように問題を設定すること自体が無益なことです。習慣の形成は、大人であろうと子どもであろうと、同一のメカニズムをその基礎としています。問題はただ、一方はこの習慣をきわめ容易にすみやかに形成するのにたいして、他方は、その易しさや速さが劣るという点にあるすぎません。

そうであれば、大人におけるタイプライターの教授・学習、自転車やテニスの教授・学習過程と学齢期における書きことば・算数・理科の教授・学習過程とは、どこが本質的に違うのかが問われることになるでしょう。この両者の本質的相違は、両者の発達過程にたいする関係の違いにあると、私たちは考えます＊。タイプライターの教授・学習は、実際に、それ自身は人間の知的性格全体に何の変化もあたえないような一連の習熟の形成を意味します。この教授・学習は、すでに形成された、完結した発達サイクルを利用します。まさにそれゆえにこそ、それは一般的発達という点ではきわめてわずかな役割しかはたさないのです。

書きことばの教授・学習過程は、これとはまったく別のものです。後述するような特別の研究は、この過程は、乳児の幼児への移行期におけることばの教授・学習と同様、子どもの精神的風格全体に原理的な変化をもたらすような精神過程のまったく新しい、きわめて複雑な発達サイクルを子どもに生じさせることを示しています。

いまやこれまでに述べてきたことを総括し、私たちによって見いだされた教授・学習過程と発達過程とのあいだの関係を、一般的な形で定式化してみることができます。あらかじめ先回りしていうならば、小

＊大人と子どもの教授・学習の比較のために著者がとりあげた事例は成功していない。とりあげられたまったく異なる事柄――タイプライター、自転車の運転、テニスといった大人の場合の教授・学習と、生徒の場合の書きことば、算数、理科の教授・学習――を根拠に著者が導きだす結論を下すことはできないだろう。内容的に同じ性格をもつ仕事をとりあげて、大人と子どもの場合におけるその比較を行わなければならなかったであろう。そうすれば、大人の場合の教授・学習は、その知的発達の観点からすれば、あまり大きな役割を果たさないという著者の主張は、違うように捉えられたであろう（三五年版編者註）。

学校における算数・書きことば・理科その他の教科の教授・学習過程の心理的本性にかんするすべての実験的研究は、これらの過程はすべて、学齢期に出現する基本的新形成物のまわりを、それを軸のようにして回転しているということを示しています。すべてが、学齢児の発達の中枢神経と組み合わさっています。学校での教授・学習の路線そのものが、発達の内的過程をよび起こします。学校での教授・学習の進行と結びついて生じる発達のこれら内的路線の発生とその運命をあとづけることは、教育過程の児童学的分析の直接的課題をなしています。

●発達と教授・学習の非同一性と複雑な依存関係

ここで提起された仮説にとって、もっとも本質的なことは、発達過程は教授・学習過程と一致しないということ、発達過程は、発達の最近接領域を創造する教授・学習過程の後を追って進むという命題です。

この観点からすると、教授・学習と発達の関係の伝統的な見方は変革されます。伝統的な観点からすると、子どもが何らかの言葉、たとえば、「革命」という語義を習得するか、または、何らかの操作、たとえば足し算や書き方の操作を獲得したとき、その発達過程は基本的に完了しています。新しい観点によれば、その過程は始まったばかりです。算数の四則演算の獲得が、子どもの思考の発達におけるより複雑な一連の内的過程をどのように開始させているのかを示すことが、教育過程の分析における児童学の基本課題となります。

私たちの仮説が確証するのは、教授・学習過程と発達の内的過程の統一性であって、同一性ではありません。それは、前者の後者への移行を前提にしています。外的意識や子どもの外的技能がどのようにして内的なものになるかを示すこと——これは児童学研究の直接的対象をなすものです。

児童学的分析は、学校の仕事の精神技術学ではありません。子どもの学校での活動は、大人の職業活動に類似した手仕事ではありません。教授・学習の背後にある発達のリアルに進行する過程を明らかにすること――このことは、教育過程の科学的な児童学的分析の扉を開くことを意味します。あらゆる研究は、現実の何らかの一定の領域を反映するものです。

どのような種類の現実が児童学的分析において映しだされるのかが問われることになります。これは、学校での教授・学習によってよび起こされる発達過程のリアルな内的関連という現実であるといえるでしょう。この意味において、児童学的分析は、常に内部に向けられるでしょうし、エックス線による研究に似ています。それは、各々の子どもの頭のなかで、学校での教授・学習過程によってよび起こされた発達過程がどのようにして進むのかを教師のために明らかにしなければなりません。学校の教科のこの内的で地下に潜む、発生的な網を明らかにすることは、児童学的分析の第一義的な課題でしょう。

この仮説の第二の本質的モメントは、教授・学習はたとえ子どもの発達過程と直接に結びついていたとしても、それらは決してたがいに均等に平行して進むものではないという考えです。子どもの発達は、影がそれを映ずる対象の後にしたがうように、学校での教授・学習の後にしたがうものではありません。それゆえ、学校のアチーブメントテストは、決して子どもの発達の現実的進行を反映するものではありません。実際、発達過程と教授・学習過程とのあいだには、きわめて複雑でダイナミックな依存関係が存在し、これを一つの、前もって与えられた、アプリオリな思弁的公式でもって捉えることはできないのです。

どの教科も、子どもの発達過程にたいして独自の具体的関係をもっています。この関係は、子どもがある段階から他の段階へ移行するにつれて変化します。このことは、形式陶冶の問題、すなわち、子どもの一般的な知的発達という観点からみた各教科の役割と意義にかんする問題を再検討するように導きます。ここでは、問題は、何かある一つの公式によって解決されるようなことはできません。きわめて広い範囲の、きわめて多様な具体的研究の広場が、そこには開かれるのです。

個々の教科に固有な形式陶冶の係数は、教授・学習と発達の種々な段階でまったく同一のままではないと仮定することができます。この分野の児童学的研究の課題は、子どもの発達の視点からみた教科の内的構造と、学校での教授・学習の方法と関連したこの構造の変容を確立することです。

この仮説とともに、児童学に具体的研究の無限の広場を導入することが可能になるように思われます。こうした具体的研究だけが、私たちによって提起された問題をすべて完全に解決することができるのです。

Ⅱ　就学前期における教授・学習と発達＊

［訳者解説］ヴィゴツキーはこの論文で、幼児前期、就学前期、学齢期の「発達にたいする教授・学習」の関係を「自然発生的」性格と「反応的」性格の概念によって見事に整理している。就学前期（ここでは三歳から八歳未満の時期）にかんしては、発達にたいする教授・学習の関係は「自然発生的―反応的」性格をもち、さらにこの時期の前半（おそらく三〜五歳の頃）はそのなかで自然発生的モメントがより強く、後半（おそらく六〜七歳の頃）になると反応的モメントが強くなる、と彼は述べている。現代のわが国でいえば、幼児後期と小学校低学年期の問題として、つまり「幼年期」の問題としてとらえるべき規定である。「自然発生的―反応的」性格について敷衍すれば、子どもの興味、興味にもとづく活動と保育者・教師が与える課題との関係は一方向的ではなく、つまり「子どもから」の方向だけでも「大人から」の方向だけでもなく、そうした両者の複雑な絡み合いこそ、この時期の、とくに幼児後期の教育のあり方の機軸をなすものであろう。

　この論文はそれとともに、「発達の最適期」、いわゆる臨界期の問題をとりあげている。ヴィゴツキーは最適期の下限（ある事柄をいつから教えはじめるべきか）とともに上限（いつまでに教えるべきか）をも想定しているが、この問題も「発達の最近接領域」の考え方に重なる問題であろう。そこには、成熟しつつある機能にこそ焦点をあて教授・学習をとらえるという彼の発想が見られる。まだ成熟の兆しさえない下限と、成熟を完了した上限とのあいだにある最適期は、もちろん事態を単純化すればという条件つきであるが、発達の最近接領域の考え方と結びついているだろう。

　さらに、この論文は、就学前期の発達的特質をヴィゴツキーがどうとらえていたかを知るうえでも貴重である。第一論文の訳著解説でふれた「年齢の問題」では子どもの発達は「発達の社会的状況」と「心理的新形成物」との矛盾としてとらえられているが、この論文では、こうした、ある段階における子どものあらゆる心理機能のなかで中心的位置をしめる「心理的新形成物」の観点から、三歳の頃に、中心的な新形成物は「知覚」から「記憶」へと変化することが論じられている。すなわち、記憶が中心的な心理的新形成物であることから、「一般的表象」、「興味や欲求の性質」の再編成、創造的活動の誕生（遊び、描画など）が、この時期の特質として位置づけられるのである。おそらく、この時期の

＊就学前教育にかんする全ロシア会議で行われた報告の速記録（三五年版および五六年版註）。
　本邦訳のオリジナル・テクスト（三五年版）のほかに、エリ・エス・ヴィゴツキー『心理学研究選集』（前出）所収の同名のテクストがある（五六年版）。後者の註によれば、後者は前者を底本にしているようだが、後者には前者からの削除個所がいくつかある。五六年版テクストにおける削除箇所には傍線をつけておいた。なお前記全ロシア会議の年月はどの版にも記されていない（訳註）。

想像も記憶から説明できるであろう。

教授・学習の三つの発達的性格

＊教育課程を意味する（訳註）。

私の報告の課題は、就学前期の子どものいくつかのもっとも重要な特質に光をあてることにあります。幼稚園のためのプログラム＊を構成することに関連して、この年齢期の子どもの調査と研究の過程で、ここ数年の作業を通して、私と協力者のなかに形成されてきた考えを皆さんと共有できればと思います。もっとも、ここで触れる問題を完全に解明したものであるとか、報告で触れるテーマから生まれる実践的問題をいくらかなりとも完全に解決したものであるとかを意図するものではありませんが。

私の報告で述べたいのは、実践のための最終的結論についてではなく、むしろプログラムに対する研究のためのいくつかの出発点についてです。私が述べることの多くは、さらに研究による検証を必要としますので、したがって、私の報告をそれが実際にそうであるものとして、つまり、幼稚園のためのプログラムの構成にかかわる一連の児童学的な意見として受けとめられるようにお願いします。

幼稚園のためのプログラムについて考え、このプログラムを就学前期の子どもの特質と調和させようとするときに、私たちの前に提起される第一の問題は、これはきわめて一般的な問題なのですが、就学前の園のためのプログラムとはどのようなものか、それは学校のためのプログラムとどういう点で違うのか、それは幼稚園の教育活動においてどのような位置を占めているのか、このプログラムはどのような種類の子どもの活動、また子どもを相手にした活動をカバーし立案しているのか、という問題です。この問題は、今度は、別の問題と結びついています。すなわち、この年齢期の子どもを相手にした教育活動は子どもの特質という観点から、どのような性格を帯びるのだろうか、という問題とです。各年齢期は、一方での教育活動の性格と他方での子どもの知的発達とのあいだに存在する関係の違いによって特徴づけられます。就学前期における教育活動の特質にかんする問題に簡潔に答えるために、この問題を比較的に規定することができるでしょう。就学前の施設におけるプログラムであるものを、学校におけるプログラムであるものと比較することができるでしょう。

子どもの発達における教授・学習の性格にかんしては極点が存在しているように思われます。この極点の第一のものは、三歳までの子どもの教授・学習です（教授・学習を広い意味で理解するなら、つまり、一歳半と三歳のあいだの子どもにことばの教授・学習が行われると理解するならば、ですが）。三歳までの子どもの教授・学習の特質は、この年齢期の子どもは自分自身のプログラムにもとづいて学ぶことにあります。このことはことばを例にとれば明瞭です。子どもが通過する諸段階の順次性、子どもがとどまる各段階の期間は、母親のプログラムによってではなく、基本的には、子ども自身が周囲の環境から摂取することによって規定されます。もちろん、子どものことばの発達は、子どもがその周囲に豊かなことばをもっているのか、貧しいことばしかないのかによって変化しますが、ことばの教授・学習のプログラムを子どもは自分で規定するのです*。教授・学習のこのタイプは、自然発生的とよばれます。この場合に子どもは、学齢児が学校で算数を学ぶのとは違う形で、ことばを学ぶのです。

他の対極にある教授・学習のタイプは、子どもが学校で教師のもとで学ぶ場合です。ここでは、子どもの自分自身のプログラムの比重は、彼に提起されるプログラムと比べて、わずかでしかありませんが、それはちょうど、母親のプログラムの比重が幼児前期の子ども自身のプログラムと比べて、わずかでしかないのと同じことです。もしこのタイプを反応的と言うとすれば、就学前の子ども**にとって教授・学習は

●教授・学習の「自然発生性」と「反応性」

*三歳までの子どもは「自分自身のプログラムにもとづいて学ぶ」とか、「教授・学習のプログラムを子ども自身が規定する」という著者の主張には同意できないだろう。実際のところ、著者自身、子どものことばは、子どもがその周囲に貧しいことばをもっているか、豊かなことばをもっているかに依存して変化する、と述べている。したがって、ことばによる概念の量、その内容や性格を子どもが規定するのではない

第一のタイプと第二のタイプのあいだの移行的位置をしめている、ということができます。それは、自然発生的—反応的とよぶことができるものです。

教授・学習の進行、就学前期のあいだに存在する諸変化は、子どもが自然発生的タイプから反応的タイプへと移行することによって特徴づけられます。発達の過程で子どもはひとつの極点から他の極点へと運動すると捉えてください。このことから、運動の全進行は二つの段階に区分されることになるでしょう。この運動の前半には子どもは第二の極点よりも第一の極点の近くにいます。したがって、自然発生的運動と反応的運動の比重は鋭く変化します。

幼児前期の子どもが教授・学習過程で行うことができるのは自分の興味と一致したことだけであり、学齢期の子どもは教師の望むことだけをすることができるのであるとするなら、就学前の子どもの場合にはこの関係は、子どもは自分の欲することを行うのだが、彼は私［大人］が欲するものを欲するのである、ということに規定されます。

このことは何を意味するのでしょうか。このことが意味するのは、出発点として検討していただきたいと思うつぎの二つの命題です。

第一の命題とは、おおよそ三歳頃にどの子どもにも、新しいタイプの教授・学習が彼にとって可能となりはじめるような転換が生じることです。

ドイツの研究者クローは三歳の子どもについて語るとき、彼を学齢期に加えることができる、と述べました。クローは、この年齢期の子どもはすでに学校での教授・学習への能力をもっており、したがって、この年齢期から、子どもにとって、ある種の教育プログラムがすでに可能になっている、と述べています。し

し、したがって「子どもの自分自身のプログラム」について語る根拠は存在しない（三五年版編者註）。

就学前プログラムにもとづく教授・学習と、「自分自身のプログラムにもとづいて」幼児前期の子どもが得る教授・学習とのあいだに差異をもうけながら、著者は後者の場合に、学校のプログラム的要求の体系によってではなく、幼児前期の子どもの周囲の環境との相互作用の過程で発生する、知識・習熟などへの欲求によって規定されるような、子どもの教授・学習を念頭に置いている。したがって、著者の使った表現は比喩的表現と解すべきである（五六年版編者註）。

＊＊ここで言われる「就学前」とは三歳から八歳未満の時期を意味している（訳註）。

かしながら、こうしたプログラムはまだ、学校のプログラムではありません。それはある程度、まだ子ども自身のプログラムでなければなりません。子どもは、先行する年齢期に、教授・学習の基礎を構成するものを持っていなければなりません。幼児前期の子どもは*自分のプログラムにもとづいて学びます。学齢期の子どもは教師のプログラムにもとづいて学びますが、就学前期の子どもは、教師のプログラムが自分のプログラムになるのに応じて学ぶことができるのです。これは基本的で、一般に認められるような困難点です。これは、教育者のもっとも困難な課題のひとつ、教育者たちがこの半世紀のあいだにぶつかった課題をあらわしています。

*この一文の冒頭に「すでに述べたように」が五六年版では挿入されている（訳註）。

教授・学習の最適期

報告の第二部に移るまえに、一般的性格をもったいまひとつの問題に触れたいと思います。これは、いわゆる教授・学習の最適期についての問題です。広い意味で理解されるどの教授・学習も（ことばの教授・学習も含めて）年齢期と結びついていることは、私たちがよく知っていることですが、しかし、教授・学習の期間について語る場合はたいてい、教授・学習の下限だけを念頭においています。つまり、たとえば六か月の乳児に読み書きは教えられないこと、三歳の子どもに読み書きは教えられないことを私たちは理解しています。いいかえれば、子どもはその発達においてある成熟の程度に達していなければならないし、ある対象の教授・学習そのものが可能とされるための一定の前提を発達の進行のなかで獲得しなければならないことは、皆が理解していることです。しかし、私が皆さんの注意を向けたいのは、就学前教育にとって第一義的な重要性のある事実、つまり教授・学習には最適期の上限も存在しているという事実です。

ドゥ・フリーズは動物の、とくに下等無脊椎動物の個体発生の研究をおこないながら、自分の実験や観察をもとに、いわゆる発達の敏感期あるいは敏感的年齢期という概念を学問に導入しました。ドゥ・フリーズが発達の敏感期あるいは敏感的年齢期と呼んでいるのは、発達しつつある動物がある種類の環境的影響にかんして格別の感受性を示すような、個体発生的発達の時期のことです。この時期が終了しているか、あるいはまだ始まっていないときには、この時期に発達の進行や方向に対してきわめて本質的な作用をおよぼすこの影響は、しばしば中性的な作用あるいは反作用をおよぼすことになります。ドゥ・フリーズは、同一の外的作用が発達の進行に中性的な、あるいは肯定的な、あるいは否定的な影響をおよぼしうるのであり、それは、いかなる発達の時期にこの作用が有機体に加えられるかに依存していることを、実験的に証明することができたのです。

この考えをきわめて一般的な形でとりあげるならば、この考えはいかなる新しい連想をもひきおこしませんし、昔からよく知られたことをあらわしており、この一般的な考えの故に、ドゥ・フリーズの古い学説を復活させたり、動物の個体発生の領域から人間発達の、とくに就学前の発達と教育の領域に転移させたりするのは価値がないように思われます。七歳の子どもにするように乳児に食事を与えるならば、ある年齢期には有益である働きかけが別の時期にはきわめて有害で否定的な作用をおよぼすことを、誰が知らないでしょうか。

しかし、ドゥ・フリーズの考えは、この問題をより内容豊かに深く理解することにあります。一連の動物を研究しながら、彼はつぎのことを確証することができました。すなわち、問題はたんに、いわば動物の子どものあらゆる発達の期間に存在する食餌が、幼い時期には、その発達において動物が位置するある段階に適合していなければならないという点にはなく――ドゥ・フリーズの考えはこういう点にはありません*――、問題は、あれこれの側面で発達を方向づけるうえで決定的な意義をもつ環境の特別な影響は、

＊「ドゥ・フリーズの考えはこういう点にはありません」の文は五六年版では「ドゥ・フリーズの考えはつぎの点にはあります」に変更されている。ただし文意は変わらない（訳註）。

発達のある時点に与えられるときにのみ作用するのであって、それ以前もそれ以後も同じように、こうした作用の根拠にはならない、という点にあるのです。ドゥ・フリーズやフォルトゥーインからよく引用される事例は、つぎのものです。ハチはその個体発生的発達の時期に、ある種類の食餌――皇帝草をとると、このハチは雌になるのですが、こうしたことが起こるのは、この食餌が発達のある時期に始まり継続する場合だけなのです。もし発達のこの時期が過ぎ去るなら、同じ食餌ももはやこのような結果をもたらしません。他の時期にはこの食餌は否定的な結果をもたらしますが、このように、動物の子どもが発達のどの時点であれこれの影響に出会うかによって、発達は異なる進み方をするのです。

ある外的影響に格別に鋭敏な一定の時期が発達そのもののなかに存在する、という観念は、モンテッソーリによって、就学前期における発達と教授・学習の研究の基礎におかれました。問題はつぎの点にあります。すなわち、どのような作用に対して、就学前期はセンシティヴ、つまり鋭敏であるのか、という点です。この問題は教授・学習の問題と結びついているので、それは幼児理論の側からすると、学校での教授・学習の領域でやはりブルジョワ的著述家たちに負っている命題――教授・学習の最適期という理念や概念の確立――とほとんど重なりあう、といわなければなりません。私たちはたえず、以前から今日にいたるまで、教授・学習の下限だけを知っていましたし、それを児童学のなかで実践的に活用してきました、つまり、教授・学習を可能とするためには発達は何らかの前提条件を準備しなければならないということから出発して、ある年齢より下の場合に、あれこれの対象を子どもに教えてはならないことを知っているのです。もしこのことだけを知って絶対的な判断をくだすとすれば、私たちは教授・学習を遅く始めれば始めるほどよいだろう、なぜならば、こうした前提条件がより本格的になるからである、と結論づけねばな

●最適期の上限と下限

りません。しかしながら観察が示していることですが、あまりにも遅い時期も、あまりにも早い場合と同じく、教授・学習にはよくないのです。就学前教育の一連の問題をもとに初めて発見されたこの事実そのものは、おそらく就学前教育以外の別のところでは、これほどの本質的な意義をもっていないでしょう。この点を説明したいと思います。教授・学習そのものが、ある程度の成熟とある前提条件——記憶・注意・運動など——を前提にしているので、教授・学習が年齢と結びついていることは、私たち皆が知っていることです。しかしそれでは、この観点から、つぎのような事実をどう説明したらよいのでしょうか。すなわち、子どもが三歳になるまで何らかの原因でことばを習得できずにいて、三歳からことばの教授・学習を始めるとするなら、実際のところ、三歳の子どもがことばを学ぶことは、一歳半の子どもが学ぶよりもはるかに困難である、という事実です。三歳の子どもにとってことばの教授・学習ははるかに時間がかかり、一歳半の子どもの場合にあるような効果をもたらすことはありません。つまり主要なことは——こうしたあまりにも遅すぎる教授・学習は、最適期にあるような発達における役割を演じることができないことなのです。事実、この子どもは一歳半の子どもより容易に学ぶにちがいないと思われましょう。なぜなら、三歳における注意・記憶・思考は一歳半よりも大きく成熟しているのですから。

こうして、ひとつの基本命題は、あらゆる教授・学習には最適期が、つまりもっとも好都合な時期が存在するという命題です。この時期を上や下に逸れること、つまり教授・学習のあまりにも早すぎる時期やあまりにも遅すぎる時期はたえず、発達の観点から見れば、子どもの知的発達の進行に有害かつ不都合にあらわれることがわかります*。教授・学習には最適期が存在するという事実は、今後の分析に必要になるつぎのようなモメントに導いてくれます。何らかの教授・学習を開始するためには、子どもの何らかの特

*教授・学習の最適期にかんする著者の考えは、一定の時期における教授・学習は知的発達にとって大きな効果をもたらす、という意味で理解されねばならない。きわめて早期の教授・学習は子どもの知的発達に不都合に反映されうるが、それとまったく同じように、教授・学習のあまりにも遅い開始、つまり教授・学習の長期にわたる欠如はまさしく、子どもの知的発達の明白なブレーキである(三五年版および五六年版編者註)。

質、彼の何らかの性質や特質が一定程度まで成熟していることが必要だ――と、私たちはいいます。しかし、はたして発達は子どもの人格のすでに成熟した諸特色によってのみ規定されるのでしょうか、つまり、私たちにとって重要なのは、まだ成熟中の段階にあり、まだ成熟にまでは達していないような子どもの特質ではないのでしょうか。研究が示しているように、教育のあらゆる過程にとってもっとも本質的であるのは、まさしくこうした成熟中の段階にあり、教授・学習の開始時点ではまだ成熟していないような過程です。まさにこのことによって、つぎのような現象が説明されます。すなわち、成熟期をすぎてしまったあまりにも遅すぎる教授・学習は、まだ成熟していない過程に働きかける可能性を失い、それを組織し、一定の形に修正する等々の可能性を失ってしまう、という現象です。

●成熟した機能と成熟しつつある機能――発達の最近接領域

現代の児童学で受け入れられているように、子どもの機能が達成した成熟の段階を子どもの現在の発達水準とよぶことにし、まだ成熟していなくて成熟中の段階にある過程を子どもの発達の最近接領域とよぶことにしたいと思います。私たちがこれらを区別し、しかるべく作成された方法でこれらを規定するならば、各年齢期における教育過程は、すでに存在し、組織され、成熟した子どもの特質よりは、むしろ子どもの発達の最近接領域のなかにある彼の特質にもっとも直接的に依存するものであることを、見いだすことになるでしょう。

以上によって、就学前期における教授・学習の特質にかんする、また教授・学習の最適期にかんする第一の考え方を終えることにして、この報告の第二部に――就学前期の子どもが持ついくつかの基本的特質のかんたんな描写に――移ることにします。そのあとで、報告のはじめに提起したプログラムの問題にふたたび戻って、この問題にかんするいくらかの結論を示そうと思います。

就学前期の子どもの発達的諸特質

私が思うには、就学前期の子どもの意識の特質を特徴づけようと試みるときに、もし全体からではなく個別的部分から始めて、個別的にとりあげられた注意・記憶・思考を特徴づけようとするなら、その試みは見通しのないものになりましょう。研究が示し、経験が教えてくれることですが、子どもとその意識の発達においてもっとも本質的であるのは、ある年齢期から他のそれへ移行するときに子どもの意識の個別機能が成長し発達をとげるだけではなく、子どもの人格が成長し発達すること、全体としての意識が成長し発達することこそ本質的なのです。

●個別諸機能の関係変化

こうした意識の成長・発達は何よりもまず、個別諸機能のあいだの関係が変化することにあらわれます。たとえば、三歳未満児の知覚とは私たちの知覚とは異なりますが、それは何よりも、子どもの知覚があまり鋭くなく、あまり分化していないという点ではなくて、三歳になるまでの知覚は意識のシステム、子どもの人格のシステムのなかでまったく別の役割を演じている点――知覚は幼児前期には支配的・中心的役割を演じている点で、異なっているのです。この年齢期の子どもの意識全体は、それが知覚の活動によって規定されているからこそ存在している、ということができます。この年齢期の子どもを知っているあらゆる人たちが同意することですが、幼児前期の子どもは大部分、覚え《ウズナヴァーニエ》があるという形態で、つまり記憶の働きが加えられた知覚の形態で想起します。子どもは、よく知っているものとして事物を知覚しますが、眼のまえにないものをめったに知覚しません。つまり、そうしたものへの動機も欠如しています。彼は自分の知覚の領域内にあるものだけに注意を向けうるのです。これとまったく同じように、三歳未満児の思考は主として直接的性格をおびています。子どもは直観的に知覚された諸要素のあいだに考えられる連関を調べ、確認します。この年齢期のすべての機能は知覚のまわりで、知覚を通して、知覚の助けによって進行する、と指摘することができるでしょう。このことは、この年齢期における発達の好都合な条件のなかに知覚そのものを置くことになります。知覚はあたかも子どもの活動のあらゆる側面によって奉仕されているかのようですし、したがって、どのひとつの機能も幼児前期には、知覚機能のような華やかな開花を体験しないのです。このことは児童学のなかでかなり前から明らかとなった法則を、すなわち、生活機能は幼児前期にその成熟の最適性、その開花期をもち、それ自身が他の諸機能の発達のための前提であるような諸機能はもっとも早く成熟する、という法則を、まさしく確証しています。だから、知覚が思考よりも前に、記憶よりも前に発達することは、知覚がこの両者にとって前提であるからであって、驚くにはあたりません。他の年齢期とは異なった、就学前期の子どもの意識の発達におけるもっとも重要な特質であるのは、子どもの諸機能のまったく新しいシステムが形成されることですが、もし簡単にいうために問題をいくぶん図式化するとすれば、このシステムは何よりも、意識の中心に位置するようになるのは記憶である、と特徴づけられます。研究が示しているように、就学前期における記憶は支配的役割をそなえているのです。

なるほど、これは、時間不足のために私が描いたような、そうしたプリミティブな形では起こりません。幼児前期*における全機能は知覚に仕えていたという事実は、就学前期になると知覚の位置を記憶が占めるようになったという機械的交替が単純に発生する、というわけではありません。それでもやはり、就学前期の子どもの諸機能のシステムにおける中心的役割は記憶に——彼の直接経験の蓄積や加工と結びついた機能に属している、と述べるなら、この時期の子どもを基本的に正しく理解することになるでしょう。このことは多くの重要な結果をもたらしますが、もっとも重要な結果のひとつは、子どもの思考がきわめて

*三五年版の「幼児前期」（раннoe детство ）は五六年版では ранный возраст に変更されている。意味は同じである（訳註）。

鋭い形で変更されることです。幼児前期の子どもにとって思考とは眼に見える諸連関を理解することですが、それにたいして、就学前期の子どもには思考とは一般的表象を理解することなのです。表象は一般化された回想とまったく同じものです。一般的表象による思考へのこうした移行は、純粋な直観的思考からの子どもの最初の離脱です。一般的表象は何よりも、つぎのことを特徴としています。すなわち、荒っぽくいうなら、一般的表象は思考の対象を、それが含まれている具体的な時間的・空間的状況から引きぬくことができるのであり、したがって、子どもの経験にはまだ与えられていなかったようなレベルの連関を、一般的諸表象のあいだに確立することができるのです。

●就学前期の中心的心理機能としての記憶

記憶が就学前期の子どもにおいて中心的位置をしめることから直接に生じてくる、三つのモメントについて詳しく述べたいと思います。

第一の、きわめて困難な問題はつぎの点にあります。私たち大人は自分について、私たちは概念によって思考する、といいます。子どもには成熟した概念はありません。子どもの場合、概念のかわりになるのは何なのでしょうか。就学前期の子どもも思考するようにできています。あらゆる概念、あらゆる語義は一般化を意味します。どの概念も対象群に関係しますが、こうした一般化は子どもの年齢期が異なれば、違う形で構成されます。子どもの思考の発達に関係するすべての事実のうちでもっとも顕著なものは、つぎのような、子どもの大人との交流が発達すればするほど子どもの一般化も拡大され、またその逆も成りたつという命題です。

私たちがお互いに交流し、お互いに考えを伝達できるためには、私たちが伝達するあらゆる考えを一般化できなければなりませんが、それは、考えは直接的に頭から頭へと移っていくことができないからです。

子どもの母親について思い描いてください。母親が笑っても子どもにはそれが理解できません。ところが彼はその雰囲気に感染して自分も笑います。母親は子どもの笑いに感染しませんが、彼が満足していることを理解するのです。

子どもの一般化の段階は、彼の交流が発達する段階と厳密に照応している、と認めることができます。子どもの一般化におけるあらゆる新しい段階は、交流の可能性における新しい段階をも意味します。一般的表象の存在そのものがすでに、抽象的思考の最初の段階を前提にしています。就学前期の子どもは一般的表象による思考に移行しつつあるということは、いわば彼の手にとどく表象の範囲が拡大しつつあるということと、まったく同じことなのです。

記憶の支配がここに存在するという事実の第二の特質と結果となるものは、子どもの興味や欲求の性格が完全に再編成されることです。ここでの変化はどういう点にあるのかを、一般的に述べましょう。実験研究や観察が示しているように、問題は子どもの興味が意味によって規定されはじめることにあります。その意味とは、子どもにとって当該の状況がもたらすものであり、しかも状況それ自体のみならず、子どもがこの状況のなかに含める意義がもたらすものでもあるのです。最初の感情的一般化が発生し、興味の入れ換えや切り換えが発生することになります。

この命題からの第三の帰結であるのは、この年齢期の子どもはまったく新しいタイプの活動に移行するという事実です。就学前期の子どものあらゆる種類の活動のなかで発生するものは、行為に対する思惟のまったく独特な関係であり、つまり企画を具体化する可能性であり、状況から思惟へとすすむのではなく、思惟から状況へとすすむ可能性である、という事実を念頭に置きますと、この新しいタイプの活動は創造的活動への移行として特徴づけなければなりません。遊びをとりあげても、描画をとりあげても、仕事をとりあげても——どこにおいても、あらゆる点で、子どもの思考と行為とのあいだに発生するまったく新しい関係に出会うことになるでしょう。

この図式的特徴づけを終わるにあたって、今後いちじるしく役に立つひとつの一般的な指摘をしておきたいと思います。就学前期は子どもの記憶喪失症から完全に脱皮する最初の年齢期であることを、おそらくご存知でしょう。明らかに、私たちの誰ひとりとして、自分の乳児期をおぼえていません。なるほど、人生の最初の数か月にかんするいくらかの思い出を持ちつづけていると主張する、トルストイのような個々の人たちはいます。しかし、乳児の時代にかかわるあざやかな記憶を持ちつづけているという人は、この講堂のなかに一〇人もいないと思われます。記憶喪失症は乳児期の基本法則です。記憶喪失症はどんなに少なくとも、三歳になるまでの子どもの発達法則でもあります。私たちは三歳になるまでの自分をおぼえていません。記憶喪失症から脱皮する最初の年齢期とは、就学前期のことなのです。

私たちは自分の乳児期や幼児前期のことを忘れていますが、それは、この時期の意識構造が、三歳になるまでの自分自身や自分のまわりの現実にかんする思い出をもちろん保持していないくらいに、成熟した年齢期の意識構造と異なっているためです。就学前期から人間は出来事の連続性を記憶しはじめるという事実は、古い心理学者たちが自我の統一性とか同一性と名づけたものにあたります。

研究が示していることですが、就学前期にはじめて、子どもの内面的な倫理法廷が生まれ、倫理的規則が形成されていきます。

最後に、子どもの世界観の最初の輪郭とよびうるようなものも、この時期に子どものなかに形成されます。この時期に、世界や自然や社会や自分自身についての一般的表象の基礎が築かれます。なぜ就学前期に私たちは幼児前期の記憶喪失症の法則をはじめて廃棄するのか、いいかえれば、なぜ就学前期の子どもは、児童発達期を終えた人間の発達した世界観に橋をかける継承的連関のいくらかの要素をもっているのかを、この事実は説明してくれます。

就学前期のプログラムのあり方

以上のような不完全な図式について述べてきましたが、最後の問題に、私が就学前期のためのプログラムの構成にかんして語ろうとしたことから下すことのできる結論といった問題に、移らせていただきたいと思います。

就学前期の子どもの特質を短く、図式的であるにせよ描きましたが、それでも、私が報告の最初で幼稚園のためのプログラムの独自性について述べた基本的規定は就学前期の子どものこうした特質によって確証されている、と見てとることは容易なように思われます。

●大人のプログラムと子ども自身のプログラムの統一性

就学前期の子どもは一般的表象において思考することや、あるいは彼の情動的興味は、彼がある状況のなかにもたらす意味や意義と結びついていることにおいても、また、これとかかわって子どもの交流の領域が拡大していくことにおいても——どこでもたえず、これらにひとつの結論なるものが堅く結びついているように思えます。この結論とは、就学前期の子どもはその特質からいって、以前には不可能であったような何らかの教授・学習の新しいサイクルを始めることができる、という点にあります。彼はこの教授・学習を何らかのプログラムにそって進めることができますが、しかし同時に、彼が自分の本性や、興味や、思考の水準にもとづいて、このプログラムを習得することができるのは、このプログラムが彼自身のプログラムとしてあらわれる程度に応じてであるのです。

幼稚園のプログラムが就学前期の子どもの特質と照応するものになるために、このプログラムはどのような要求を満たさなければならないのか、と問われるなら、それへの回答はつぎのようなものになると思われます。このプログラムはつぎのような二つの、ひとつにはなりがたい性質をもたなければなりません。第一にそれは、一定の目標への運動の経路にそって毎年、一定の歩みをすすめながら、この目標にむけて子どもを導くような、何らかの系統にもとづいて構成されねばなりません。このプログラムは、知的教育活動のひとつの系統的サイクルをもつプログラムでなければならないという意味では、学校のプログラムに似ていなければなりません。同時に、このプログラムは子ども自身のプログラムでなければなりません。つまり、それは子どもの情動的興味にも、一般的表象と結びついた彼の思考の特質にも応えるような順次性において、子どもに供されるものでなければなりません。

もしも、就学前のプログラムは学校のプログラムの体系に照応しなければならないということから出発して、プログラムを構成しようとするならば、課題は解決されないでしょう。明らかに、就学前期のプログラムは学校のプログラムと本質的に異なっていなければなりません。イギリス人たちが皮肉をこめて言うものを避けなければなりません。彼らの国では幼稚園は小さな子どものための学校とよばれていて、小さな子どものための学校をおびやかす最悪の危険性は、それが小さな学校に転化しないようにすることにある、と彼らは言っているのです。

もしも、就学前期の子どもが学校のプログラム、つまり、各学問にかんして、その学問の論理をもとに配列された知識の体系をあたえるプログラムをやりおおせることを、私たちが自分の課題とするならば、このプログラムが子ども自身のプログラムであるようにすることと知識の体系を結合するという、この課題は明らかに解決されないでしょう。しかし、この解決されないと思われる問題を解決するためには、ここで、どのような種類の体系が可能であるのかという問題に正しくアプローチすることこそ必要になります。

この体系はどういう点にあるかを説明したいと思います。

●学校教育からの要求

説明を簡単にするために、私は終わりから始めたい、つまり学校が提起している要求から始めたいと思います。学校は就学前教育に何を要求しているのでしょうか。さまざまな著述家が述べていることを結びつけるなら、学校が就学前教育に要求しているのは三つの事柄であることがわかります。

(a) 学校は学校での教授・学習に子どもが準備されていることを要求しています。

(b) 学校は子どもが教科の教授・学習に準備されていることを要求しています。そして

(c) 学校は読み書き能力をも要求しているように思えます。もっともこの命題は皆が共有しているわけではありませんが。

●一般的表象の形成

就学前期の子どもが学校での教科の教授・学習に準備されていなければならないとは、何を意味するのでしょうか。これが意味することは、子どもは学校に通って、社会科・算数・理科を学びはじめることです。なるほど子どもが社会科・算数・理科の教授・学習をはじめるためには、子どもが数や量にかんするいくらかの一般的表象とか、自然にかんする一般的表象、社会にかんするいくらかの一般的表象をもつようにすることは、いけないことでしょうか。これらすべての一般的表象そのものがなければ、学校における教科の教授・学習をはじめることは不可能です。自然の世界、社会、量の世界にかんするこうした一般的表象を準備すること――これらすべては、学校が就学前教育に対して提起する直接的課題を構成しています。

私はひとつの一般的な考えだけをとりあげたいと思います。古いプログラムの欠陥のひとつであるのは、そこには一連の個別的な具体的事実だけが存在していることです。ところが実際には、研究が示しているように、就学前期の子どもは自分で、事物や世界の起源にかんする理論、一連の宇宙起源論を打ちたてます。彼は自分で一連の依存性や諸関係を説明しようとします。この年齢期の子どもは、思考が形象性や具体性を特色とするような段階に位置しています。彼は動物の起源、子どもの誕生、過去などについて自分の理論を創造します。これは何を意味するのでしょうか。これは、就学前期の子どもには、個々の事実だけを把握するのではなく、いくらかの一般化を確立する傾向があることを意味します。子どもの発達におけるこの傾向は、教授・学習の過程で活用されねばならず、この傾向は最初から最後の年までのプログラムが一定の体系として打ちたてられるべき基本的な経路を規定しなければならないものです。

理科のなかでは、後に子どもが自然を個別的に学習することができるよう、有機的自然と無機的自然を一緒に学習する必要があります。ここでは、あるタイプの結合から、三歳の子どもにわかる結合へ、三歳の子どもにわかる結合から四歳のそうした結合へ等々と子どもを導くような、何らかの体系が必要です。この体系がコンプレックス・システムと違う点は、後者では通例、この結合が子どもの思考の弱さへの譲歩であることです。それは、子どもがオブラートのなかで知識を受けいれているようなものです。このシステムとは違って、子どもは自分で、知識に対して働きかけなければなりません。私たちは、結合せよ、結合せよ、結合せよと言いました*。実際のところ、結合することの基本課題のひとつは、個々の教科を学習することができるようになるために、分化させることを教え、区別することを教えることです。

ピアジェは、三歳未満の子どもは異なるタイプの「ネリジャー」［いけない、できない］を分化させてい

＊「私たちは、結合せよ、結合せよと言いました」は五六年版では「私たちは子どもに結合することを教えることが必要である、と言いました」に変更されている（訳註）。

ないことを示しました――たとえば、一度すったマッチで火をつけることはできない。火傷をするかもしれないから、熱いペチカにさわってはいけない。デザートをもらえないから、食事のときにお話してはいけない。正直とはいえないから、お母さんに嘘をついてはいけない、といったことを分化させていないのです。子どもにとって、これは分化されずに起こることです。これとまったく同じように、彼は物理的自然を社会的なものから分化させることを学ばねばなりません。彼はまた社会的なものの内部においても、分化させることができなければなりません。したがって、社会科の教授・学習が可能になるためには、社会的なものを自然的なものから分化させることが不可欠なのです。

私はつぎのような事例をあげることができます。私が観察する六歳のある女の子は、私にこう言いました。「いま、川がどういうふうに出来たか、とうとう考えついたの。人間たちが橋のへんの場所を選んで、穴を掘って、そこに水を流したっていうこと」。あるものは人間なしには存在しなかったし、人間は何かを行ったということを、彼女は知っていましたが、この事例では、橋は彼女の理解にとって決定的なもので、川は人間たちの手によって作られたと考えられました。これは何を意味するのでしょうか。これはきわめて単純な事柄について語っています。すなわち、私たちには自明だと思われることも、就学前期においては、子どもを相手にした知的教育活動を必要とすることです。教科の教授・学習が可能となるためには、のちに教授・学習の対象となるものについての一般的表象を分化させることが必要です。就学前教育と知的教育活動のどの側面もこうしたことを特色とするように思われます。たとえば、つぎのような質問――就学前期には文学はどのように扱われるのか、という質問をしたいと思います。あるフランスの作家はまったく正しく、つぎのように述べています。私たちは就学前期に、文学史も（正しくないのでしょうか?!）、その後の人生において記憶に残るはずの古典的文学作品も学ぶべきではないが（幼児のための本には私たちはその後、より年上の年齢期に戻ることはありません）、概して、ことばによる芸術の世界を子どもに対して開いてやることが課題なのだ、と。音楽についても同様です――私たちの前にある課題は、概して音楽を、音楽の世界や音楽的知覚の可能性を子どもに開いてやることです。科学についても同じことが言えます。この科学の論理という観点から科学の教授を可能にすることが課題なのです。

●就学前期の第二段階における教育

さて、プログラムと結びついたいくつかの最後の問題にテーゼの形で触れたいと思います。第二の基本的結論と思われるのは、就学前期の第一段階とくらべて就学前期の第二段階になると教授・学習が鋭く分化することです。これは、自然発生的―反応的範囲にある子どもが学校での教授・学習にますます近づいていく年齢期です。学校での教授・学習の完全なシステムに移行する前に、子どもはこの年齢期に個別的に分化した概念を獲得します。とりわけ、私が述べた学校の要求は直接的には、第二段階の課題です。これは、プログラムにもとづいて反応的に教授・学習する可能性そのものへの準備であり、読み書き能力の教授・学習です。

●読み書き能力について

読み書き能力について、私は二つの言葉だけを述べたいと思います。幼稚園で子どもに読み書き能力を与えることが可能であるのは、以下のような理由からだけではありません。西ヨーロッパ諸国では学校での教授・学習が六歳で始まっているときに、わが国のそれは平均して八歳から始まっているからであるとか、幼稚園での読み書き能力の教授・学習は学校での教授・学習をかぎりなく容易にし、その効果を高めるであろうからとか、モンテッソーリが正しく主張するように、六歳の子どもよりも四～五歳の子どもに（児童学的年齢期を考慮するなら）、より良く、より容易に読み書き能力を教授・学習することができ、いずれにせよ八歳よりも容易であるから、といった理由からだけではありません。主として、それは専門的な研究をもとに論証できることですが、読み書き能力は、それが子どもの発達において演じる役割からいって、教科における教授・学習の準備であるような、あらゆる学校における教授・学習の前提であるからです。モンテッソーリは特別な術語——炸裂する文字——によって、五歳の子どもの書きことばに見られる現象を名づけました。学校における七歳の子どもや八歳の子どもには、彼女の言ったような、就学前期における文字のもっとも簡単な教授・学習が与える産物の豊かさはけっしてあらわれない、とモンテッソーリは指摘したのでした。

家庭教育の経験は、本に囲まれた子どもは六歳で、あらゆる学習なしに読むことを習得することを示しています。幼稚園の経験は、読み書き能力が就学前施設のなかに存在することを示しています。プログラムの諸連関を規定するために重要な基本的モメントのひとつは、いく人かの著述家がよんでいるように、萌芽的教授・学習とか前学習とよびうるようなものにあります。ここでの問題は、モンテッソーリのシステムでも正しく提起された原則についてであり、あらゆる教授・学習はその萌芽的発達期、前学習期、学習への準備を前提にするという原則についてであるのです。もっとも、モンテッソーリのシステムは全体として完全に対立的な原則に——分析に、全体の生物学的・生理学的諸要素への分解に——もとづいて構成されてはいますが。モンテッソーリが子どもに書くことを教えはじめるのは、子どもが鉛筆かペンを手にするときではなく、これよりももっと前です。就学前期の教授・学習のもとでのあらゆる複雑な活動はこうした萌芽的発達の準備期をかならず必要とするものなのです。

Ⅲ　教授・学習との関連における学齢児の知的発達のダイナミズム＊

[訳者解説] この論文でヴィゴツキーは、学齢児の知的発達のダイナミズムを解明するためには、IQによるだけではこのダイナミズムをとらえられないことを、三つの発達診断的調査をもとに明らかにしている。すなわち、彼は、①IQの変動と相対的成績（個人内における成績の進捗）の逆説性、②「発達の最近接領域」の大小の診断と相対的成績の分析、③リテラシーをめぐるクラス編成などによって、具体的に知的発達のダイナミズムの深部に迫っているのである。その基本的な視点となるものは「発達の最近接領域」の考え方であった。

IQをはじめとする知能検査は子どもの発達の「現在の水準」、子どもが自主的に行いうる水準を明らかにすることはあっても、子どもの発達の可能性の領域、「子どもが指導のもとにできることにもとづいた知能の指標」である発達の最近接領域を明らかにすることができず、したがって、学齢児の知的発達のダイナミズムには迫りえない。この論文では、より具体的には「子どもの知的発達水準、子どもの発達の最近接領域、学年の理想的年齢、学年の理想的年齢と発達の最近接領域との関係」という四つのファクターによってダイナミズムを究明すべきことを指摘することによって、知能検査の限界を超えようとしている。

この論文は、第一論文や第二論文とくらべて、「教授・学習と発達」の関係を発達の内部における問題として論じている。もちろん、ここでも前二論文と同じ考えが語られており、成熟にしたがう教授・学習の考え方や、発達を教授・学習に還元する考え方の批判のうえにたって、教授・学習過程と発達過程との非同一性と統一性を明らかにしようとしたのであった。「発達の最近接領域」の究明を内に含む発達診断学は旧ソヴィエトでは未完に終わったが、この論文の最後に示された実践的課題（診断学の問題、知的遅滞児の選択、成績評価、学力不振など）をはじめとする教育実践上の課題にとっても、そうした発達診断学の意義はきわめて大きなものがあるだろう。

この報告では、近年児童学によって検討された、教授・学習過程における子どもの知的発達に関連する

＊一九三三年一二月二三日、ブーブノフ記念教育大学障害学講座の会議における報告速記録（三五年版編者註）。

いくつかの問題について詳しく論じてみましょう。それは、子どもの知的発達の進行と、学校の授業における知的発達の進行とが互いにどのように関連しているのか、という問題です。

機能成熟理論と教授・学習

以前は、この問題には、つぎのように、きわめて単純な解答が与えられていました。すなわち、この問題は、子どもの知的発達と教授・学習の可能性のあいだに純粋に経験的に確認される一定の関連に気づいたまったく素朴な人間によって解答が下されている、という具合でした。教授・学習は子どもが知的発達において通過する一定の年齢段階に応じたものでなくてはならないことは誰でも知っていることです。三歳児に算数を教えることはできませんが、それと同じように、一二歳の子どもに算数を教えはじめるのは遅すぎます。算数の教授・学習のための最良の年齢はだいたい六歳から八歳ぐらいのあいだを前後することは、誰しも知っています。このように、多数の教育経験や、単純な経験的観察や、一連の古い研究から、知的発達と教授・学習の進行とが互いに緊密に関連していることや、両者が互いに適合しあわなくてはならないことは、よく知られています。

しかし、この関連はあまりにも単純に考えられてきました。いくつかの国で最近一〇年間にこの問題に関してなされたことを総括してみると、子どもの知的発達と教授・学習の進行との相互関連の問題に対する研究者たちの見解には根本的な変化が生じたと、まったく誇張なしにいうことができます。

●発達は教授・学習に先行する——ビネー、モイマンら

古典文献の著者であるビネーやモイマンなどは、この関連を以前にはどのようにとらえていたのでしょうか。彼らは、発達はたえず教授・学習の不可欠の前提であり、子どもの知的機能——知的操作——があれこれの教科の教授・学習を始めうるほどに成熟していないのであれば、その教授・学習は無益なものになるだろうと考えていました。したがって彼らは、発達が教授・学習に先行すべきだと見なしたのです。教

授・学習は発達に依拠しなければならないものです。教授・学習は、発達においてすでに成熟した機能を用いなければなりません。なぜなら、その時にのみ、教授・学習は実りあるものとなり、可能ともなるからです。だから彼らは、子どもがまだ成熟していないのに、あまりにも早くから子どもに何かを教えはじめることのないよう、彼らは主として時期尚早の教授・学習を危惧しました。そしてこの研究者たちの全精力は、教授・学習可能性の下限、つまりはじめてその教授・学習が可能になるような年齢を探求することに向けられました。

彼らはどのようにして、その年齢を見つけたのでしょうか。彼らは、主として子どもにあれこれの知的操作を要求する課題解決やテストにもとづいた一連の研究によって、その年齢を発見してきましたが、今日でもそのように行われています。もし子どもがその問題を自主的に解けるならば、それによって、その問題を解決するのに必要な諸性質が子どもに成熟していると判断されます。こうした機能が成熟しているならば、教授・学習を始めることができるという結論が、そこから導き出されます。また、こうした機能が成熟していなければ、その子どもは学校での教授・学習のために準備がまだできていない、ということになります。

少しも誇張することなく、つぎのようにいうことができます。この時期の知的発達診断学は、職業選択にあたって人間の知的諸性質の研究が診断を下すのと同じように、学校での教授・学習に適用されたのです。職業にあった人間を選ぶ時には、その分野ですぐれた専門家になるためにはこれこれの諸性質を持っていることが必要だ、と判断されます。その後で調査が行われ、被験者にそのような諸性質がある場合には彼は適当であるとされ、またそのような諸性質がなかったり、あるいは十分に発達していなかったりした場合には、彼はその職業には向かない、とされるのです。子どもを学校に選抜する場合にも、同じことが行われました。子どもが生徒という職分に必要な成熟した機能をそなえているならば、その子どもは学校での教授・学習に向いていると考えられ、また、ある子どもの機能がより大きく成熟していれば、その子どもは他の子どもより学校での教授・学習に適している、と考えられたのです。

●教授・学習の最適期

こうした観点は、著しく重要な法則が——残念ながらその法則は実践的にも理論的にも、あまり使用されていないので、ふつう教科書でもほとんどふれられていません——確立された時に、大きく揺らぐことになりました。どんな教科もあまりに早く教えることはできないという単純な真理はだれにも知られていますが、ある教科はあまりに遅すぎると教えることはできないこと、また教授・学習にはつねに最小限でも最大限でもない最良の年齢期が存在するということは、児童学の課程においてすら耳にすることはあまりないのです。この最適期より下や上にはずれることは同じように致命的です。それは、人間の身体は三七度の適温があり、それより上がっても下がっても同じく生命機能は破壊に直面し、最後には死にいたるのと同じです。それと同じように、教授・学習に関しても、それぞれの教科を教えるのに「適温」があります。始めるのが早すぎても遅すぎても、教授・学習は困難になります＊。

●ことばの習得をめぐって——話しことば・書きことば・外国語

簡単な事例をとりあげてみましょう。子どもは一歳半、あるいはそれよりも早くことばを学びはじめます。明らかに、子どもがことばを学び始めるには、子どもに何らかの前提や機能が成熟していることが必要です。しかし、子どもが知的に遅れている場合、彼が話しはじめるのはもっと遅くなります。それは、彼の場合こうした機能の成熟が遅いからです。三歳で子どもにことばを教えはじめるとき、その子どもには一歳半の子どもより機能が高度に成熟しているように思われるでしょう。ところが、三歳児は一歳半の子

＊「ある教科はあまりに遅すぎると教えることはできない」、なぜなら「それは同じように致命的である」か

どもに比べて、ことばの習得に多大の困難を伴い、習得の仕方もはるかに悪いのです。このことによって、ビネーやモイマンその他の古典的心理学者たちが依拠してきた基本法則、つまり機能成熟の法則、ある機能の成熟が教授・学習の不可欠の前提であるとする法則は崩されるのです。

もしこの法則が正しいのであれば、教授・学習を始めるのが遅ければ遅いほど、子どもを教えるのはより容易でしょう。たとえば、ことばを学習するためには注意・記憶・知能といった前提が必要です。これらの前提のいくつかは三歳における方が一歳半よりも成熟していますが、なぜ三歳の子どもにことばを教えるのは一歳半の子どもよりもむずかしいのでしょうか。新しい研究――それらは一定の教育学的傾向から出発しているので一面的な傾向をもつのですが――が示したところでは、五、六歳での書きことばの教授・学習は八、九歳のときよりも容易なのです。明らかに、書きことばは機能の一定の成熟を前提にしています。これらの機能は、八、九歳のときのほうが、五、六歳のときより成熟しています。教授・学習にはこれらの機能が成熟していることが必要であるということが正しいとすれば、どうして年長の子どもの教授・学習がより困難となるのかは理解しがたいものになります。

それだけではありません。教授・学習と、幼少の時期および年長の時期における知的発達の進行とが比較されるようになると、この教授・学習が異なったやり方で進むことがわかってきました。子どもに学校で外国語を教える場合と、同じ子どもに一歳半から二歳の時に母語を教える場合とを比較するとき、八歳ともなれば言語習得のためのあらゆる機能がはるかに発達しているのですから、つまり記憶、注意、知能は八歳のほうがよく発達しているのですから、八歳の教授・学習はより速やかに行われると思われるでしょう。しかし、八歳の子どもに外国語を教えるのは、一歳半に、つまり子どもが一つ二つ、ときには三つの

ら、という著者の見解には、もちろん同意することはできない。著者の考えを文字通りに理解するなら、大人の教授・学習は、あまりにも遅すぎるし有害であるから、不必要であるということへ導きうるだろう。こうした主張の間違いはわが国の成人の教授・学習の実践によって、厳しく反駁されている。著者の考えは、明らかに、より遅い教授・学習の開始が活動の可能性を一定の形で困難にし、一定期間の教授・学習の不在は知的発達に悪い影響を与えるという意味でのみ、受けいれることができる。著書による体温と教授・学習との比較も純粋に比喩的な意味をもっているだけである。なぜなら、これらは同じレベルの事柄ではないのであるから(三五年版編者註)。

外国語を、それらの対象間の相互抑制もほとんどなしにたやすく習得する時期に比べて、大きな困難を伴い、また比較にならないくらいわずかな成果しか得られないのです＊。

＊後の方にある『児童期における多言語併用について』を参照のこと（三五年版註）。

研究は、八歳の子どもには言語を教えるのがむずかしく、一歳半で教えるのよりむずかしいということだけでなく、八歳の子どもは幼児前期とはまったくちがった心理機能にもとづき、まったく別の原理によって外国語を学ぶことを示しています。このようにして、この児童学的最適性の学説は、学校における教授・学習の不可欠の予備的前提としての機能の成熟にかんする法則を揺るがしたのです。

知的発達のダイナミズム

さらに研究が示したことですが、子どもの知的発達の進行と彼の教授・学習の進行との関係は、この問題の最初の解答で考えられていたものとは比較にならないくらい、複雑なものなのです。私はここで、この同じ問題をめぐっていくつかの研究を体系的にまとめながら詳述し、一般の学校や障害児学校における子どもの知的発達に即して、この問題を示してみたいと思います。そのために学校における子どもの知的発達のダイナミズムという問題を詳しく述べておきましょう。入学する子どもが、その知的発達によって四つのカテゴリーに分けられるのはご存知の通りです。それらの子どものなかには、ノーマルな学校では学ぶことができなくて特別な施設に入るような知的に成熟していないグループがたえず見られます。その子どもたちはここでは脇へ置いておくことにします。学校の門をくぐる子どもたちのうちから、三つの子どもグループを選ぶことができます。高い知的発達の子ども、平均的な知的発達の子ども、そして低い知的発達の子どもです。

ふつうそれは、二つのローマ文字ＩＱで条件的に示される、いわゆる知能指数の規定としてあらわれます。子どもの生活年齢に対する精神年齢の関係が知能指数と名づけられています。つまり、満八歳の子どもが知能においても八歳の発達をとげているなら、知能指数は一、すなわち一〇〇％ですが、八歳児でも一二歳児の知的発達をとげているならば、彼の知能指数は一五〇あるいは一・五です。その反対に、満八歳の子どもが六歳の知的発達しかしていなければ、その子どもの知能指数は七五あるいは、小数で表すなら〇・七五になります。

●知能指数（ＩＱ）と学校での成績

学校に入るすべての子どもを研究して、三つのグループに分けることにしてみましょう。ＩＱ、つまり知能指数が一一〇以上である子ども——知的発達において自分の生活年齢より一〇％以上優れている子ども——を第一のグループとします。ＩＱが九〇から一一〇の間にある子どもを第二グループとします。一〇〇からあまりそれていない子どもとは、平均的な子どもです。そして知能指数が九〇以下の子どもを第三グループとしますが、七〇以下はそのなかに含めません。なぜなら七〇以下は、第四のカテゴリーに入るからです。

このなかで学校でよく学習するのはどの子どもたちで、どの子どもたちがよくないのでしょうか。入学に際して子どもの知的発達を測定する意味は、知的発達の高さと子どもの学校での成績との間に存在する関連が仮定されていることにあります。その仮定は、子どもの学校での成績と知能指数との間にある高い関連を示すような単純な観察および統計的・理論的研究をもとにしたものです。どの教育者も、入学したときに第一のカテゴリーであった子どもが成績で上位を占めるはずであり、平均的なＩＱをもつ第二のカテゴリーの子どもが中位、低いＩＱの子どもが低い成績をとるはずだと考えます。今日、全世界の学校でこの規則が利用されており、学校のなかでおこなわれるすべての児童学研究の基本的叡智はそこにあります。

障害児学校でも同じことが行われています。子どもが障害児学校に入るときには、学校のしきいの所で

●変動するＩＱの逆説性

子どもたちはひとつに整列させられます。もっとも遅れの少ない子どもが最もよく学習できるだろうといわれ、ノーマルな知能の子どもが最前列に置かれます。そして二列目には中間的な子ども、三列目には知能の低い子どもが並びます。子どもの学校での発達の進行に対するこの予言がはたして当たっているかどうかが研究されることになりましたが、科学では単純な観察や常識を信じないのが常であって、実際にそれらを調べてみると、その予言が実際には正しくないことがわかりました。一連の研究者——アメリカではターマン、イギリスではバート、わが国ではブロンスキー——によって次のことが明らかにされました。学校でのＩＱの変動を調べてみると、つまり高いＩＱの子どもがそのＩＱを維持しているかどうか、また低いＩＱの子どもが学校での教授・学習で上がったかあるいは下がったか、ということを研究してみると、高いＩＱをもって入学した子どもの大多数は、この高いＩＱが低下する傾向にあることがわかりました。

これは何を意味しているのでしょうか。絶対的指標では、つまり他の子どもと比べてみた場合に彼らは依然として先にすすんでいますが、自分自身との比較においては、彼らは学校での教授・学習のなかでＩＱの高さを低下させるのです。その反対に、ＩＱの低い子どもは集団のなかで自分のＩＱを高める傾向があります。つまり絶対的指標では、彼らは前述の子どもと比べると知的に劣

（表Ⅰ）

	IQ	IQの変動	絶対的成績	相対的成績
1	高 ……	Ⅲ	Ⅰ	Ⅱ
2	中 ……	Ⅱ	Ⅱ	Ⅲ
3	低 ……	Ⅰ	Ⅲ	Ⅰ

るのですが、自分自身との関係ではＩＱは高くなっています。そして、平均的なＩＱの子どもはそのＩＱの高さを保つ傾向があります（表Ⅰ）。

このように、ＩＱの変動に対しては、ローマ数字Ⅲであらわしたものが第一位を占め、中位はローマ数字Ⅱ、下位はⅠで示したものになります。ところが、その順位はくつがえされるかのようです。ターマンの研究によれば、学校での知的発達のダイナミズムは、常識や古い心理学理論にもとづいた私たちの予測を裏切っています。私たちは、高い発達をもって入学した者は学校の教授・学習の進行においても、もっともよく発達するだろうと予測しました。そのような生徒がおくれてしまい、学校は彼の知的発達に好ましい作用を与えず、そのテンポを遅らせてしまうことがわかりました。学校での教授・学習の条件からもっとも利益を得たのはＩＱの低い子どもであり、平均的な子どもは自分のテンポを保持しているのです。

この逆説的な命題は、入学時に最高の知的発達をみせていた子どもがどうして学校での教授・学習の進行のなかでおくれるのか――知的発達の変動において悪くなるのか――を説明しようとする、一連の研究を生み出しました。このデータと学校の成績とを対比させてみると、この逆説性はいっそう複雑化します。学校の成績に関して、これら三つの子どもグループはどのように分けられるでしょうか。ＩＱの高さと成績との間に高い相関関係があることはよく知られています。ではどんな子どもが学校での成績がよく、学習で上位を占めるのでしょうか。上位はやはりＩＱの高い子ども、中位は平均的な子ども、下位はＩＱの低い子どもが占めます。つまり私たちの表では数字はまたもや逆になり、入学時に見られた姿へ回帰することになります。入学時に知的発達が上位にあり、学校での教授・学習の進行における知的発達のテンポが遅かった子どもが、再び学校の成績では上位となるのです。

●個人内部の相対的成績の視点

純粋に経験的な方法で確認されたこの関係は、解きがたい困難、理解しがたい謎へ私たちを導きますが、他方で、学校での教授・学習の進行と子どもの知的発達との間にある関係はおそらく、以前に考えられていたものよりずっと複雑であるということを教えています。

その困難の解決は、第四の値がさらに研究されるときに可能となるでしょう。この値は、ここで生じる矛盾をある程度まで解決することを可能にするでしょう。私が念頭においているのは、相対的成績の問題とでも名づけることのできる、私の観点からすれば学校の実践的目的にとってきわめて重要な問題を扱った研究です。ここで念頭におかれていることを説明しておきましょう。私たち大人のうちの誰かをある学級、たとえば二学年、あるいは四学年の学級に入れてみたとしましょう。大人の誰もが、その学級で絶対的成績においては上位を占め、つまり、たぶん私たちはその学級のどの子どもである生徒よりもよく学校の要求を遂行するでしょうし、疑いもなく学校の絶対的成績では上位となるでしょう。しかし、私たちは学校で何かを得たでしょうか。何かを学んだでしょうか。入学したときと同じ知識をもって卒業することは明らかです。相対的成績ということからみれば、つまり、一年間で私たちが獲得したものからすれば、私たちは上位でないどころか最下位なのです。その学級で相対的成績に関して成績の良くない生徒のうちで最下位の生徒でさえ、私たちよりは上である、と確信をもっていうことができます。このようにして、この事例に見られるように、絶対的成績は相対的成績のことについては何も語ってくれないのです。

事柄の状態、たとえば、読みの速さといったことが研究されるようになりました。私たちが知っているように、子どもはさまざまな知識水準をもって学校に入ってきます。ある子どもは一分間に二〇の単語を読めるが、他の子どもは一分間に五つの単語しか読めません。ところが、前者は一学年の終わりには一分間に三〇の単語を読めるようになりましたが、後者は一五でした。絶対的成績に関してはもちろん第一のカテゴリーの子どもがすぐれていると教師は考えます。しかし、相対的成績に関しては第二グループの生徒の読みの速さが三倍になったのに対し、前者は一・五倍しか向上しませんでした。つまり、第二グループの生徒は第一グループの生徒に比べて絶対的成績は半分ですが、相対的成績では上回ったのです。このように絶対的成績と相対的成績とが一致しないということは、一連のきわめて重要な問題を提起しています。

相対的成績は、知的遅滞児の学校における以上に大きな意義をもつところはないでしょう。というのは、そこでは絶対的成績の不振の子どもが扱われるからです。そのような子どもに関して、相対的成績を考慮することがつねに重要です。この問題がもっとも広く適用されるのは、次の二つの方向においてです。第一には、知的遅滞児の学校、そして成績不振の問題においてです。学校で、ある子どもたちはいつも二点ばかりとっていて、学期末そして時には学年末にも二点をもらうことがあります。つまり独特の落第生グループが存在します。このグループは、絶対的成績という観点からすれば、成績のよくない子どもたちです。しかし、二点そのものは、それらの子どもにおけるプログラムの知識の状況に対する否定的記述にすぎませんし、それは、この子どもたちが学校で何を獲得したかを語ってはいません。彼らを研究しはじめているうちにわかったことは、彼らは同じではない二つのグループに分かれる、ということでした。ある落第生は相対的成績においても成績がふるいませんでした。ところが別の落第生は、絶対的成績こそふるわなかったけれども、相対的成績では平均的な、そして時には——といっても本当に稀ではありましたが——高い成績をおさめていたのです。絶対的に成績の良くない子どもと、相対的に成績の良くない子どもとは区別する必要があります。このことは実践的にきわめて重要です。いくつかの学校や児童学実験室では、絶対的成績の不振だけでなく相対的成績の不振も体系的に明らかにされた生徒だけを障害児学校に移すべきだとする実践的規則がつくりあげられました。絶対的成績ではよくないが、学級と比較してかなりの相対的成績をおさめているような生徒に必要なのは、学校内の条件を改善することであって、学校から放出することではありません。私はこの重要な実践的規則を、理論的にも、また実験的分析の観点からも、さらに説明していきたいと思います。

●絶対的成績と相対的成績の対立性

相対的成績を考慮することは、一般の学校における成績不振生徒の学業の前進の面で、また障害児学校で生徒を向上させるうえでも、第一義的な意義をもちます。相対的成績は、どの一般の学校におけるどの生徒にとっても少なからず重要な意味をもっています。というのは、絶対的成績では学級の上位にある子どもが、相対的成績はあまりよくないことがしばしば見受けられるからです。このように相対的成績はまず、ひとりひとりの生徒がどれだけのものを獲得しているかということに、教師の眼を開かせます。そのとき、知的発達の高い子ども、中位の子ども、低い子どものあらゆるグループのうちに、相対的成績の高い子どもと低い子どもとがいることがわかるのです。ここから次のような問題が生じます。この相対的成績は何に依存しているのか、という問題です。

この問題に答えるには表の最後の欄を示しましょう。研究が示したように、三つのグループの子どもを相対的成績の順に上から下へ一列に並べてみると、次のようなきわめて興味深い構図が得られます。相対的成績で上位を占めるのは第三グループであり、二位は第一グループ、そして三位は第二グループです。ここでは最初の三つの事例のようなシンメトリックな釣り合いこそみられませんが、きわめて複雑であまり研究されていない第二グループはしばらく脇におき、第一と第三のグループだけを取りあげるとすれば、両者がその位置を交替していることがわかります。絶対的成績では第一グループがトップで、第三グループがビリだったのに、相対的成績では第三グループがトップとなり、第一グループはビリとなっています。入学時の子どもの知的発達のレベルと絶対的成績とのあいだの、また子どもの知的発達のダイナミズムと相対的成績とのあいだの興味深い依存関係が明らかにされました。

これらのきわめて複雑な関係にかんする問題に答えてくれるような研究に移ることにしましょう。もちろん、ここに関係のある問題や結果をすべて叙述するには一冊の本が必要とされるでしょうから、問題のすべての多様性を汲みつくすことは不可能です。私たちの課題は、主としてそれらの関係を解明してくれ、また知的発達診断学を学校の仕事の利益となるように、実践的に利用するためにたどるべき方途、文字通り今日や明日からでも一般の学校や障害児学校にとって直接の現実的・実践的意義をもちうる方途を示すような二、三の基本的モメントを指摘することです。

発達の最近接領域と知的発達のダイナミズム

●知能指数と発達の最近接領域

ここで生じる第一の問題、それを解くことが上述の重要な相互関係についての問題に対して近似的にせよ解答を与えてくれる第一の問題とは、いわゆる発達の最近接領域にかんする問題です。子どもの知的発達の研究においては、子どもが自分でやれることだけが子どもの知能の指標であると考えられてきました。私たちは子どもに異なる難易度をもった一連のテスト、一連の問題を与えて、子どもがどのように解くか、どの程度の困難さの問題を解くかということによって、子どもの知能の発達の大小を判断します。子どもが側面からの助けなしに自主的におこなう課題解決が、子どもの知能の発達段階の指標と考えられてきました。子どもに誘導的な質問が与えられたり、その問題を解くにはどうすればよいかが示されて、その範例の後で子どもがその問題を解くような場合、あるいは教師が問題を解きはじめて、子どもがそれを完遂したり、あるいは他の子どもと力をあわせてそれを解いたりした場合、要するに、子どもが自主的に問題を解くことからちょっとでもはずれた場合には、その解答はもはや子どもの知能の発達の指標ではないというのです。この真理は常識として広く知られ主張されてきたので、この一〇年間、子どもが自分でやれることだけが子どもの知能および知的発達の指標であるが、子どもが他人の助けを借りて行いえたことも、ある程度は、さらに大きな指標とはならないのだろうか、という仮定の正しさについて、きわめて思慮深い学者さえ、考えおよばないほどでした。

あらゆる問題の原型となるような、もっとも単純な事例を研究のなかから取りあげて考えてみましょう。私は、学齢に達した二人の子どもを研究してみました。二人とも満一〇歳ですが、知的発達のうえでは八歳です。この二人は知能について同年齢であると言えるでしょうか。もちろん言えます。それは何を意味するのでしょうか。それは、基準としては八歳の年齢に該当する難易度の問題まで二人が自主的に解けることを意味しています。これで研究は終わってしまい、人びとは子どもの知的発達のその後の運命も、学校での彼らの教授・学習の運命も、それが知能に依存するのですから、同じものになるだろう、と考えます。もちろん、もしこの運命が他の原因に依存するのであれば、たとえば一人が半年間もずっと病気にかかり、他方は無欠席で通学したというのであれば、事柄は別ですが、概して二人の子どもの運命は同じはずだというのです。上述の結果を得たら、すぐに研究をやめてしまうのではなく、その調査は始まったばかりだというように、今度は考えてみましょう。子どもたちは八歳児であり、彼らは八歳までの問題は解けますが、それ以上の問題を解くことはない、ということでした。それ以上の問題を解くときに、私は彼らにさまざまなやり方を示してみます。著述家や研究者によって、それぞれの事例にさまざまの教示の手法がとられます。ある場合にはそれは、問題をどういうように解くべきかを完全に子どもに示し、子どもにそれを繰り返させています。ある場合は、解きはじめた後、子どもにそれを完遂させたり、あるいは誘導的な質問を与えたりしています。一言でいえば、私たちはさまざまなやり方で、子どもに私たちの助けを借りて問題を解くように提案するのです。そのような条件のもとでわかったことは、一方の子どもは一二歳までの問題を解き、他方の子どもは九歳までの問題を解くことができたことです。補足的な研究を終えたいま、二人の子どもの知能は同じものだと言えるでしょうか。

このような事実がはじめて見出されたとき、つまり同じ知的発達のレベルにある子どもたちが教育者の指導のもとにおかれると、まったく異なった規模で教授・学習への能力をもつことが示されたとき、この子どもたちは知能的に同一年齢ではなく、おそらく教授・学習の進行における両者の運命も異なるものとなるに違いないことが明らかになりました。一二歳と八歳、九歳と八歳との間のこの差を、私たちは発達の最近接領域とよびます。八歳の子どもが助けをかりれば一二歳の問題を解くことができ、またもう一方の子どもは九歳の問題を解くことは、経験的に明らかです。

●二つの発達水準

この発達の最近接領域の概念とその意義を説明してみましょう。これは現代の児童学でますます広く用いられるようになった用語ですが、子どもがその発達において到達した水準、子どもが自主的に解いた問題によって規定される水準を、子どもの現在の発達水準とよぶことにしましょう。したがって児童学で用いられている普通の意味での精神年齢とは現在の発達水準ということになります。私たちはいまや児童学においては、それを精神年齢とよぶのをやめることにしていますが、今みてきたように、精神年齢の用語は知的発達を特徴づけないからです。子どもの発達の最近接領域は、自主的に解決される問題によって規定される子どもの現在の発達水準と、おとなに指導されたり自分よりも知的な仲間と協同したりして子どもが解く問題によって規定される可能的発達水準とのあいだのへだたりのことです。

現在の発達水準とはどのようなものでしょうか。きわめて素朴な人間の観点から、現在の発達水準とは何か、つまり子どもが自主的に解く問題は何を語っているか、について質問するとすれば、子どもの現在の発達水準によって規定されるものは、すでに成熟した機能であり、発達の果実である、というのが普通の回答でしょう。子どもが自主的にこれこれのことができるということは、子どもが自主的にこれこれのことをするための機能が子どものなかに成熟していることを意味します。ところで、子どもが自主的には解けなくて助けを借りて解く問題によって規定される発達の最近接領域とは、何を規定するのでしょうか。発達の最近接領域は、まだ成熟してはいないが成熟中の過程にある機能、今はまだ萌芽状態にあるけれども明日には成熟するような機能を規定します。つまり発達の果実でなくて、発達のつぼみ、発達の花とよびうるような機能、やっと成熟しつつある機能です。

現在の発達水準は昨日の発達の成果、発達の結果を特徴づけますが、発達の最近接領域は明日の知的発達を特徴づけます。子どもの機能の成熟、知能の成熟は、小銃の射撃のように、突発的に不意におこなわれるものでしょうか、それとも、それは多くの跳躍や曲折をもちながら徐々に成長してくる過程なのでしょうか。簡単にいえば、その発達には、始まりと中間と終わりがあるのでしょうか。もちろん、あります。子どもの知能の発達は、菜園で大豆やエンドウが成長することほどの単純な過程ではありませんが、実際にはそこでも、園丁は実が結ぶずっと前から、そこへ至るまでの段階を見てとることができます。収穫や結果を見なければ彼が観察した植物の状態を判断することができないような園丁は、よくありません。それと同じように、発達のなかで、すでに起こったこと、つまり昨日の発達を総括すること以外には何も規定できないような児童学者はあわれです。

このように、発達の最近接領域は、児童学者や教育者に発達の内的進行、発達過程そのものを理解する可能性を、また発達のなかですでに完了し、実を結んだものだけでなくて、成熟中の過程にあるものをも規定する可能性を与えます。発達の最近接領域は、明日の発達に何が起こるかを予言することを可能にします。就学前期にかんする一つの研究だけを引用しましょう。この研究は、発達の最近接領域に今日よこたわるものは、明日には現在の発達水準のものとなること、つまり今日子どもが他者の助けを借りてできることは、明日には自分でできるようになるということを示しています。子どもが自分でできることだけでなく、他者の助けを借りてできることをも規定することが重要なのです。なぜなら、子どもが他者に助けられて今日できることが正確にわかれば、それによって、子どもが明日自分でするようになることもわかるからです。アメリカの研究者マッカーシーは、就学前期にかんして次のことを指摘しました。三歳から五歳までの子どもを研究してみると、子どもにはすでに持っている機能群とともに、子どもが自主的には駆使できないが、指導のもと、あるいは集団のなかや、協同のなかでは駆使できるような別の機能群があることが示されました。この第二の機能群は、五歳から七歳までの年齢であると、基本的には現在の発達水準にあることがわかりました。この研究によって、子どもが三歳から五歳のとき指導のもとや、協同や集団のなかでできることは、同じ子どもが五歳から七歳になると自主的にできるようになるということがわかったのです。こうして、子どもの精神年齢だけを、つまり成熟した機能だけを規定するならば、私たちは過ぎ去った発達の結果を知ることにとどまりますが、もし成熟しつつある機能を規定するならば、同じ発達の条件が保持された場合に、その子どもに五歳から七歳のあいだに何が起こるのかを言うことができるでしょう。

このように、発達の最近接領域の研究は、児童学研究の効果、有用性、有益性を著しく高めて、教育学や学校の提起する課題の解決に知的発達診断学を適用することを可能にするような、児童学研究のもっとも強力な道具の一つとなったのです。

ＩＱと発達の最近接領域

子どもの知的発達の進行と学業向上の進行とのあいだに存在する、きわめて複雑な関係の徴候である上述の矛盾が、どのようにして発生するのかという問いに、いまや答えてみることにしましょう。すべての問題に、あるいはもっとも深い問題にさえふれることはできません。したがって、ここでは二つのモメントについて詳しく述べることにしましょう。第一は、発達の最近接領域についてです。具体的な研究を引用してみましょう。私たちはすでに、ＩＱの同じ子どもでも発達の最近接領域は異なることがあることを見てきました。ＩＱによって子どもは三つのグループに分けられますが、それらのグループは今度は、発達の最近接領域によってさらに分割されえます。発達の最近接領域が三年以上の子どもをグループＡとし、二年以下の子どもをグループＢとよぶことにしましょう。ＡやＢのカテゴリーの子どもは、ＩＱ別のグループのすべてに存在することがわかります。ＩＱが高くて発達の最近接領域が低い場合も、また逆の場合もあります。学校での教授・学習の進行における子どもたちの知的発達のダイナミズムと彼らの相対的成績とを跡づけるために、実験のために生徒を四人選んだと考えてください。第一の生徒（表を参照）はここでは、Ａのカテゴリーのうちからローマ数字Ⅰで示されます。この子どもはＩＱが高く、発達の最近接領域も大きい子どもです。第二の生徒は、ローマ数字ⅠとカテゴリーＢであらわされます。この子どもの場

（表Ⅱ）

1	Ⅰ A	IQ高い ……	領域大
2	Ⅰ B	〃 ……	領域小
3	Ⅲ A	IQ低い ……	領域大
4	Ⅲ B	〃 ……	領域小

合はＩＱは高いが、発達の最近接領域は小さい子どもです。第三の生徒はローマ数字Ⅲ、カテゴリーＡであらわされます。ＩＱは低いが、発達の最近接領域は大きい子どもです。第四の生徒はローマ数字Ⅲ、カテゴリーＢで示されます。ＩＱも低いし発達の最近接領域も小さい子どもです。第一と第二、第三と第四の生徒は、ＩＱでは似ていますが、発達の最近接領域では異なっています。第一と第三、第二と第四の生徒は、発達の最近接領域では似ていますがＩＱでは異なっています（表Ⅱ）。

これらの指標のうち、どれがもっとも重要であるかを解明したいのであれば、ある指標では同じだが別の指標では異なる子どもを比べてみて、次のように問うことでしょう。すなわち、知的発達のダイナミズムと相対的成績における類似はどの生徒のあいだにおいて、もっとも著しいのか、第一と第二、第三と第四のあいだなのか、それとも第一と第三、第二と第四のあいだにおいてか、つまり生徒の知的発達のダイナミズムと相対的成績を規定するもっとも重要な要因とは何なのか、という問題です。ＩＱが等しい場合には、第一と第二、第三と第四の生徒が似るはずですし、発達の最近接領域の類似だとすれば、第一と第三、第二と第四の生徒が似るはずです。私たちは説明のために四人の子どもを取りあげましたが、もちろん実験は集団的規模で行なわれます。ここでは四人の子どもが取りあげられていますが、四〇人、四〇〇人、さらには四千人でも、それらはこの四つ

●知的ダイナミズムを規定する発達の最近接領域

のグループに分けられるでしょう。

この研究の結果は次のことを示しました。知的発達のダイナミズムと相対的成績における著しく大きな類似は、第一と第二、第三と第四のあいだではなくて、第一と第三、第二と第四のあいだにおいてであることがわかりました。またそのことによって、学校での知的発達のダイナミズムや生徒の相対的成績にとっては、今日の知的発達水準ではなく発達の最近接領域がより重要で影響力の多い、強力なモメントであることが示されました。要するに、知的発達のダイナミズムと学校の成績にとって、今日すでに成熟した機能というのは前提以上のものではなく、それは成熟しつつある段階の機能ほどには本質的なものではないのです。より重要なのは、成熟しつつある機能です。

科学的思想の長期にわたる努力によって何らかの法則が明らかにされるとき、この法則はすでにそのようなものとして理解されていたのだと思われます。実際、子どもをテストしながら行われていることとは違うことを、学校は行っています。私たちは子どもの入学にあたって、生徒が自分でできることをするように要求しますが、教師は、子どもがたえずできることからできないことへと移っていくように働きはじめます。学校での教授・学習の進行をこのように純粋に経験的に分析してみただけでも明らかなのですが、学校での教授・学習は、子どもが自分でできることよりも、むしろ子どもが指導のもとでできることによってこそ、はるかに大きく規定されるべきなのです。

もっと簡単にいいましょう。学校にとって重要なのは、子どもがすでに何を学んだのかではなくて、むしろ何を学ぶことができるのかであり、発達の最近接領域こそ、子どもがまだできないことを、指導や援助を受けたり、指示にしたがったり、協同のなかで習得するという意味で、子どもの可能性とはどのようなものであるかを近似的に明らかにするものです。しかし研究はこの点にとどまらず、さらに進んで、もう一つの興味深い問題にかかわります。私たちが今後進むべき道を明らかにし、その後いくつかの結論に到達するために、この研究の最後の考察として、この問題を詳しく論じることにしましょう。

リテラシーとIQの非現実性

私が実施して、よく知っている第一グループに対する次のような具体的研究から始めることにしましょう。読み書きのできる子どもは読み書きのできるグループにいれ、読み書きのできない子どもは読み書きのできないグループにいれます。そのような子どもたちをカテゴリーCと呼ぶことにします。つまりCは、自分自身と同じような子どもたちのグループにはいる子どもグループです。ここモスクワやレニングラードにはそれほど多くはないのですが、地方では多数見受けられるような子どもたち、つまり読み書きのできる子どもが、読み書きのできない子どものグループにはいり、読み書きのできない子どもが読み書きのできるグループにはいるような子どもたちを、カテゴリーDと名づけます。これらC、Dのカテゴリーの子どもが、第一、第二、第三、第四のすべてのグループ――IQの高い子も低い子もいます――のなかで、その代表者をもつということに異論はないものと思われます。私たちがカテゴリー

（表Ⅲ）

1	ⅠC	IQ高い……	識字者グループの中の識字者、あるいは未識字者グループの中の未識字者
2	ⅠD	IQ高い……	未識字者グループの中の識字者、あるいは識字者グループの中の未識字者
3	ⅢC	IQ低い……	識字者グループの中の識字者、あるいは未識字者グループの中の未識字者
4	ⅢD	IQ低い……	未識字者グループの中の識字者、あるいは識字者グループの中の未識字者

AとBに関して行った考察を正確にくり返して、CとDのカテゴリーについて実験をつづけてみましょう。四人の子どもを取りあげることにします。おそらく四人の代わりに四百人、四千人を取りあげても、同じように行えるでしょう。第一の子はローマ数字Ⅰ、カテゴリーCで示され、第二の子はローマ数字Ⅰ、カテゴリーD、第三の子はローマ数字Ⅲ、カテゴリーC、そして第四の子はローマ数字Ⅲ、カテゴリーDであらわされます。（表Ⅲ参照）。

さて、知的発達のダイナミズムと学校の相対的成績にもとづけば、どの子どもたちの間に類似点が多いのかを問うてみましょう。IQでは似ているがグループでは異なる第一と第二、第三と第四の間でしょうか、それとも第一と第三、第二と第四の間でしょうか。これらの子どもたちの各々は、ある指標ではある子どもと似ており、別の指標では他の子どもと似ています。学業での運命や子どもの知的発達のダイナミズムを規定するという意味では、そのうちどの指標が影響力の大きいものなのでしょうか。第一と第二、第三と第四のあいだよりも、第一と第三、第二と第四のあいだの類似のほうがずっと大きいことを、今度は発達の最近接領域の事例よりも、はるかに顕著にはっきりと研究は示しています。このことが意味することは、学校での知的発達のダイナミズムや、学校での教授・学習の進行における子どもの向上にとって決定的なのは、IQそのものの数値、つまり今日の発達水準であるよりは、むしろ学校が提示する要求水準に対する子どもの準備および発達の水準の関係なのです。この後者の数値、学校が提示する要求水準を、児童学では現在、理想的精神年齢とよぼうという提案が出されています。これはきわめて重要な概念だと思われます。子どもが第四学年に属していると考えてみましょう。この学年で理想的に学ぶためには、つまり、彼が優等生となり、教授・学習と知的発達という意味で最大限のものを獲得するためには、彼にはど

●理想的精神年齢

のような精神年齢が必要でしょうか。

さまざまな学年の、もっともよくできる生徒を研究することによって、私たちは純粋に経験的にその理想的年齢を導き出すことができます。別の研究者がやっているように、この学年が提示する要求水準を児童学的年齢へ移すことも可能です。この方法の問題はきわめて複雑で原理的な問題ですから、ここではそれにふれないでおきましょう。いずれにせよ、ある学年の理想的精神年齢というものが何を意味するかはおわかりであろうと思います。それは、その学年での教授・学習が提示する要求を扱いながら子どもが最大限の成果を収めるのを可能にするような、子どもの知的発達の程度および性格です。こうして明らかになることですが、児童学研究によって確立されたすべてのもののなかで、決定的な数値であり、もっとも鋭敏なものは、今日では、当該学年の理想的精神年齢と、その学年で活動している生徒たちの現在の知的発達、現在の準備性とのあいだにある関係です。これらのあいだの関係とは最適な関係でもあります。つまり、すべての関係が都合のよいわけではなく、ちょうど体温の三七度のように、一定の範囲内にある関係だけが、こうした最適な関係なのです。もし子どもの知的発達の進行の増大または減少によって、この関係が崩れるならば、学校の相対的成績も崩れてしまいます。なるほど、ここでの崩壊は一様ではなく、この関係が生徒の側に傾くのか、それとも学校の側に傾くのかどうかは、同じことではありません。また未識字者が識字者のなかへ入っていくことは（そこには未識字者にとって、きわめて困難な学習条件があり、理想的年齢が現実の年齢を大きく上回っています）、識字者が未識字者のなかへ入っていく場合（そこでは理想的年齢は同程度ではないにしても低下します）とは、同じことではありません。しかし、どちらの場合にも一定の崩壊が見られるのです。

特別の研究の根拠となった最初のデータがここにあります。類似が存在するのは第一と第三グループのあいだだけではありません――この場合は、識字者が識字者のなかへ入り、未識字者が未識字者の中に入るのですから、つまり相対的には彼らは同一条件のもとにあるのですから、類似の存在を理解するのは容易です。しかし、第二と第四グループのあいだにもほぼ同様の類似が存在することもわかりました。

●理想的精神年齢と現実的年齢のへだたりの領域

第二グループというのはどういうグループなのでしょうか。それは、未識字者のなかに入れられた識字者、および識字者のなかに入れられた未識字者のＩＱの高い子どもたちです。第二グループにも第四グループにも、両方の場合の子どもがいます。そこで問題がよりむずかしくなってきます。私たちは、未識字者のなかに入った識字者である子どもは、きわめて容易に学習するはずだと考えます。その子どもは、ちょっと口笛を吹いて、何もしないでも優等生になれます。ところが識字者のなかにいる未識字者である子どもは学級についていく力がありません。未識字者である子どもは勉強してもなお追いつかないでしょう。こうして明らかになることですが、理想的年齢と現実の年齢とのへだたりを上に引き上げることも、下に引き下げることも、相対的成績および知的発達の相対的ダイナミズムにとってブレーキであり、程度は一様でないにせよ、やはりブレーキなのです。そのことは簡単な分析をしてみれば想像できます。未識字者の学級で識字者である子どもが、読み書きにおいて何かを学ぶとは、どういうことでしょうか。識字者の学級で未識字者である子どもが、きわめてわずかしか学習しないのと同じように、未識字者の学級のなかの識字者である子どもも、きわめてわずかしか学ばないのです。

●理想的精神年齢と発達の最近接領域

以上のことや他の一連の研究から、つぎのような考えが生まれました。理想的年齢、つまり学年が知的発達に対して提示する要求と、現在の知的発達とのあいだには、最適な距離、最適なへだたりが明らかに存在する、という考えです。教授・学習はつねにより高い要求を提示しなければならず、成熟した機能にではなくて、成熟しつつある機能に依拠しなければなりません。オーエルが語っているように、発達の道を先回りする、つまり発達を自らのあとに従わせ、発達過程を生じさせ、組織し、導く教授・学習だけが、そして発達過程を出発点にしつつも、すでに成熟した機能には依拠しないような教授・学習だけが、児童期においてはすぐれているのです。もしこのことが、理想的年齢が現実の年齢と接近しすぎて、現実の年齢より低くさえあるとか、あるいはこの現実の年齢がきわめて低くて、へだたりが大きすぎる、というような意味であるなら、どちらの場合にも知的発達のダイナミズムがそこなわれることになるでしょう。私たちは次のような問いに答えなくてはなりません。すなわち、その距離とはどのようなものであり、子どもの知的発達の最適条件は何によって規定されるのか、またそれを規定することは可能なのでしょうか。へだたりとはどのようなことか、あるいは教育学者がいう子どもにとって力相応の教授・学習の困難さの領域とはどのようなものか——これらを実際に、どのように規定すべきなのでしょうか。誰もが知っているように、やさしすぎる教授・学習も、むずかしすぎる教授・学習も、ともに効果は少ないものです。その最適領域というのはどのくらいで、それは何によって規定されるのでしょうか。そうした試みは行われてきました。それは、子どもの精神年齢や、教育課程の教材や、学年などを単位として確かめられました。これらの研究の一般的結果は最終的に表されたように思われます。そうした研究は個人的な事例を扱っているだけに統計的資料こそ多くないにしても、それらすべての経験的研究の意味を説明する形で、その問題に直接答えるものなのです。問題はきわめて簡単に見えるでしょう。このへだたりは子どもの発達の最近接領域に完全に一致します。子どもの現在の知的発達が八歳であるなら、彼にとって学年の理想的年齢は一〇歳であることがわかりました。その子どもの学年の理想的年齢は彼の発達の最近接領域と一致します。この一致が存在するとき、私たちは子どもの発達の最適条件を得ることになるのです。

人間の思想がどのような複雑な道をたどって、この法則を規定するにいたったのかを想い起こしてみると、実を言えば、この法則は簡単な推論から明らかになるものであり、いずれにしても私たちの誰もが、そのような推察を行ってきたはずのものなのです。ところが実際は、偉大な研究者たちでさえ、これについて推察しませんでした。私たちはつぎのように語ったところです。つまり、学校が子どもに教えるのは子どもがすでにできることではなくて、指導のもとにできることであり、発達の最近接領域は、子どもが指導のもとにできることにもとづいた知能の指標として定義されるのです。したがって発達の最近接領域はその最適条件をも規定するはずです。このように発達の最近接領域の分析は、知的発達の運命や学校での相対的成績のダイナミズムを予測する壮大な手段となるばかりでなく、つぎの四つの数値――子どもの知的発達水準、子どもの発達の最近接領域、学年の理想的年齢、学年の理想的年齢と発達の最近接領域との関係――を子どものために実際に規定して、クラスを編成するためのすばらしい手段ともなるのです。それは、クラス編成にかんする問題を解決する最良の手段を私たちに与えてくれます。私の報告の純粋に事実的な側面の叙述は、以上で終わりにさせていただきます。私の報告は、この一〇年間における知的発達診断学にかんする問題状況をお伝えすること以外に目的をもたなかったからです。

結びとして、なお二つのモメントについて述べておきましょう。

模倣と教授・学習

第一の問題は、なぜ古典的心理学では子どもが自分でやれることだけを子どもの知能の指標と見なしたのかという問題です。それは、模倣と教授・学習についての誤った見解が存在したからです。模倣と教授・

●模倣におけるサルと人間

学習は純粋に機械的な過程と考えられてきました。もし私が自分である経験をすれば、それが知能の指標となりますが、私が模倣をするときには、どんなことでもすべて模倣することができる、と考えられたのです。心理学者たちはこの見解を解明し、模倣することができるものは、人間自身の可能性の領域にあるものだけである、と指摘しました。たとえば、私がある算数の問題が解けないで困っている時、あなたが私の前で黒板にそれを解きはじめたら、私はたちどころにその問題を解くことができるでしょう。ところが、あなたが高等数学の問題を解きはじめても、私が高等数学を知らないのであれば、私がいかに模倣したとしても、その問題を解くことはできません。明らかに、自分の精神年齢の領域内にあるものだけを模倣することができるのです。この問題をきわめてうまく解決したのは動物心理学です。それはケーラーに負っています。彼の実験は、類人猿に直観的思考の分野における操作が可能かどうかを規定することを課題としていました。こういう事例ではいつもそうであるように、類人猿はあることを自主的にやったのか、それとも、いつかそれを見たことがあるのか、という問題が生じました。たとえば、サルは他の動物がやったことや人間が棒などの道具を使うのを見て、それを模倣します。ケーラーのところのあるサルが、実験所のある島に送られたことがありますが、そのサルは船の甲板で、船員が雑巾を使って甲板をみがいているのや、上の方にある何かを取ったり、何かを打ちつけるのに棒や竿を使ったりするのをみていました。あるドイツ人の心理学者には、サルがやっていることは頭を使ってやっているといえるのかどうか、あるいはサルは模倣しているのかもしれない、という考えが生まれました。そのためにケーラーは、サルは何を模倣できるのかを解明するために、特別の実験を組みました。サルは、その知的発達の範囲を越える動作を模倣しなければならなくなったとき、ちょうど私が高等数学を知らないのに高等数学の問題の解答を模倣しなければならないときのように、みじめな状態に陥ってしまうことがわかりました。つまり、サルが模倣によって解決できるのは、自分で解けるような難易度の課題だけであることがわかったのです。しかし注目すべきは、ケーラーが考慮しなかったつぎのような事実です。つまり模倣によってサルに人間的な意味における教授・学習をほどこすことはできないし、サルには発達の最近接領域が存在しないので知能を発達させることはできない、という事実です。サルが自分自身による解決において示す難易度は、サルが模倣にかんして示す難易度をも規定します。つまりサルは自分の知能状態からいって、指導され教授・学習の助けをかりても、類似の課題を自主的に解決する能力を自分のなかに発達させることはできないのです。すなわち、サルの機械的習熟を利用し、訓練によってサルに多くのことを教え込むことはできるし、その知的習熟を組み合わせて、たとえば自転車に乗ることを教えたり、他の習性を教え込んだりすることもできるのですが、より知的にさせること、つまり、より知的な一連の課題を自分で解くように教え込むことはできないのです。人間的な意味における教授・学習は明らかに、固有の社会的本性や、子どもが周囲の知的生活にはいり込んでいくことを前提としていますが、その意味での教授・学習は動物には不可能なのです。子どもでも模倣は彼自身の年齢の範囲を超え出ないと主張するケーラーの追随者たちがいましたが、もちろん、ごく簡単な批判が示したように、それはばかげた命題です。子どもにあってはすべての発達と教授・学習がその基礎としているものは、子どもは指導のもとに学習できることや、子どもはサルのように訓練だけによらずに知的になることや、新しいタイプの個人的行為をも学習できることなのです。けれどもケーラーの助手の一人が、純粋な偏見にもとづいた考えを表明し、この数年間その考えが科学のなかに定着するようになりました。その助手の考えというのは、サルには模倣の過程における知的水準と自主的な課題解決の過程における知的水準とのあいだにへだたりが存在しないこと、そして人間の子どもはこのへだたりの水準をもっているが、それはコンスタントで、つまり恒常的であるはずだ、というものです。子どもが八歳児の知的水準をそなえているならば、つまり自主的に八歳の問題を解くならば、彼は指導されれば一〇歳の問題を解くことができる。つまり、発達の最近接領域はつねに彼の現在の発達水準によって規定されなければならない、というのです。

もしそうであるならば、私たちが個々の事例において発達の最近接領域を研究することは余計なものとなるでしょう。なぜなら、発達の最近接領域は同じものになってしまうからです。しかし実験データは、二人の八歳児がいて、一方の子どもの発達の最近接領域は一〇歳ですが、他方は九歳であることを示しています。このように発達の最近接領域はコンスタントなものではありません。

発達の最近接領域と実践の問題

さて、今日私がふれた問題は実際のところ、実践的課題の解決にどのように利用しうるかということを示したいと思います。これらの問題の一つ一つを教授・学習の課題に応用することは、限りなく複雑で多様であり、特別な考察を必要としますので、ここではきわめて図式的に述べることになります。私たちの表にもどりましょう。私がその表のなかで、その矛盾のなかで示した条件によって、何が解明されたのでしょうか。それは多くはありませんが、何かが明らかになったように思われます。IQの高い子どもの成績と彼の知的発達のダイナミズムはどのようなものとなるべきかという問題を、一般的な形で設定することは可能でしょうか。私たちが見出したように、さまざまな発達の最近接領域をもった子どもがおり、学年の要求に対する子どもの関係もさまざまであり、さらに、それらを組み合わせるなら、明らかに多くの異なったグループができることになります。このことは、知的発達のダイナミズムにとって、また相対的成績にとって、無関係なことでしょうか。否です。このことは、もっとも本質的な指標です。ＩＱによって分けられたグループはすべて一様ではなく、そこで得られた法則性は（表Ⅰ）、真の法則性を解明することなく、それを曖昧にさせるような、純粋に統計的な法則性なのです。質的に異なる種類の事柄を列挙しても、一般法則を引き出すことはできないからです。

ＩＱの高い子どもには、学校でその高いＩＱを失ってしまう傾向があるという一般法則を引き出すことはできるでしょうか。それはできません。なぜなら、その子どもがどんな子どもなのか、読み書きのできる子どもか、読み書きのできない子どもか等々のことを考慮しなければならないからです。にもかかわらず、なぜ、統計的法則性が得られるのでしょうか。このことを簡単な事例で説明してみましょう。ＩＱとは何でしょうか。それは徴候であり指標です。しかし私たちは、その指標がいかなるものであり、どのような原因でそれが生じたかを知っているでしょうか。徴候が取り扱われる医学を取りあげてみましょう。咳の出る人の大多数は、三日から七日ぐらい家にいれば、薬や医者はなくてもひとりでによくなるという法則を引き出すことはできるでしょうか。たとえば人びとが咳をよくする一〇月や一一月を取りあげてみても、その大部分は流感だとすれば、そこからこの法則を引き出すことはできるでしょうか。否です。この法則は正しくなく、偶然に得られたものです。咳の出る結核患者たちがいるどこかの内科医院の患者を取りあげてみれば、私のつくりあげた法則が正しくないことは明らかでしょう。あるいは流感患者の少ない五月を取りあげてみれば、また別の法則が得られることがわかります。つまり統計的法則性は、大部分が一定のタイプに属していて、法則はそのグループにだけあてはまるような均質のグループを私たちが偶然取りあげるときに得られるのですが、私たちは誤ってそれを一般法則と捉えてしまうのです。

ＩＱの高い子どもが、小学校の四年間でその高いＩＱをなくしてしまう傾向にあるのは、なぜでしょうか。高いＩＱをもってやって来る子どもの大部分、その七〇％以上は、その才能において他の子どもより優れているわけではなく、良好な条件のもとで育ってきた子どもたちです。周知のように、ドイツでは子どもは六歳から学習しはじめ、わが国では八歳からです。六歳の子どもは学校的叡智の初歩――読み書き能力、計算、読み方と書き方――を通過しうることを、私たちは知っています。ある子どもは文化的な家庭に育ち、そこには本もあれば、文字を示されることもあり、本を朗読してもらうこともあります。他方の子どもは、印刷された文字をまったく見たことがないような家庭に暮らしています。私たちは、ビネー・テストや、子どもが学校で学ぶ知識や能力にあわせたようなテストを使って、子どもをテストします。文化的な家庭出身の子どもが高いＩＱを示すのは、驚くべきことでしょうか。その逆であれば、驚かなくてはなりません。こうした子どもたちは、どこからその高いＩＱを得たのでしょうか。彼らは発達の最近接領域を利用して、それを得ているのです。つまり彼らは早目に発達の最近接領域を走り抜けるので、そのために彼らの発達領域は比較的小さいのです。なぜなら、彼らは発達領域をある程度使ってしまっているからです。二つの学校についての私の研究データによれば、そのような子どもは五七％以上いました。

こうした子どもには何が起こるのでしょうか。第一に、その子どもたちは知的発達のタイプにおいて、小さな発達の最近接領域しか持っていないので、したがって、彼らは学校ではよく学ぶことができず、学校では劣ったダイナミズムを示すはずです。ではその子どもたちは何を利用して、高いＩＱを得たのでしょうか。それは、良好な条件、文化的発達を利用したものですが、学校ではそのような条件は平均化されます。学校での教授・学習の四年が過ぎると、ＩＱの低い子どもと高い子どもとが接近する自然の傾向があります。すなわち、私たちの劣悪な条件によって制限を受けていた低いＩＱは学校で向上しますが、それは、そうした子どもにとって、条件は急激に良好な方へと変わったからです。特権的な条件のもとで成長した子どもたちにとっては、条件は相対的に悪化します。条件は平均化されるのです。そして当然ながら、こうした子どもが五七％いたとすれば、この法則は統計的に正当化されるしょう。しかし、この法則は、あれこれのグループが偶然に優位を示す咳の場合に引き出されたのと同じ程度の法則なのでしょうか。もちろん、ちがいます。

このようにして、大まかに統計的な、未分化で多様な性質をもった数値から、問題のより深い分析へと移ることがはじめて可能となります。

私が今日ふれた問題の実践的適用は、きわめて多様な、かなり広範な方向で行われるだろうと思われます。何よりも、この適用が第一義的な意義をもつのはつぎのような場合です。すなわち、診断学のあらゆる問題、知的遅滞児の選択、成績の算定、個別的ならびに一般的成績不振の分析、落第生における潜在的成績の解明と成績の良くない生徒の解明といった場合です。また同じく、クラス編成の問題を解決する場合や、子どもが学校に在籍することがどれくらい、子どもが何かをおぼえたということばかりか、総合技術学校の主要な課題の一つ――子どもの全面発達の道具となること――の達成を促進しているのか、という問題を解決する場合です。要するに、学校の実践的問題のなかで、上述の問題と関連しないような問題を見つけることは、それと関連する問題を見つけることよりも、むずかしいように思われます。ある年齢の教授・学習にとって子どもは成熟しているかどうか、という伝統的な問題設定から、学校での教授・学習における子どもの知的発達のより深い分析へと移っていくならば、児童学のあらゆる問題は、一般の学校においても障害児学校においても、今とは違ったものになるだろうと思われます。

Ⅳ　児童期における多言語併用の問題によせて*

［訳者解説］この論文では、二言語併用（あるいは多言語併用）のもつ心理学的問題がとりあつかわれている。ヴィゴツキーはこの問題にかかわる事実資料を丹念に分析し、二言語併用のもつ母語や思考への影響はマイナスである事例もプラスである事例も存在するのであり、まだ性急な結論づけはできないとしながらも、二言語併用という現実的課題に直面するなかで、こうしたことばの教育にむけた研究の理論的方向性を示そうとしている。

二言語併用をめぐる理論的な問題として、ヴィゴツキーはまず、連合理論的な研究の問題点を指摘する。言語の心理学的基礎は音声と意義との連合的結合にあるとするこの理論によれば、二言語併用は連合抑制や連合的干渉によって、それぞれの言語が干渉しあい、必然的にことばや思考に混乱や障碍が生じることになる。ことばと思考における混乱・障碍を示す事実は存在するものの、ヴィゴツキーは、そうではない事実を示しながら、連合理論を批判している。

また注目すべきは、多言語併用者の失語症のような病理学的事例や「右きき」「左きき」のような脳の局在にかかわるような事例である。ヴィゴツキーはそうした事例を指摘するにとどめ、分析するところまでは進んでいないが、二言語併用の生理学的視野として貴重な指摘であろう。さらにこの論文では、テストによる研究にも厳しい批判がみられる。一言語の子どもと二言語の子どもの知能を言語テストで評価する問題点や、いわゆる非言語テストの問題点も鮮やかに描かれている。

ヴィゴツキーが求める研究の方向としては、同じ社会環境にある一言語グループと二言語グループのテストによる比較か、あるいは、知能テストを放棄して深い心理学的分析を行うかの二つであるが、ヴィゴツキーは明らかに後者の道を歩もうとしている。ことばに依存する知的発達や性格、情動の発達を含む全体としての子どもの人格の発達という一般的・包括的な問題の一部として、二言語併用の問題は論じられるべきであることが、この論文の結論であろう。

なお、この論文の末尾には、ヴィゴツキーの『思考と言語』から「外国語の習得と母語の発達」にかんする部分の抜粋が三五年版の編者によって掲載されている。それは、話しことば、内言、書きことば、外国語をひとつの発達の路線のなかに位置づけようとした彼の言語発達論を示しているが、二言語併用の問題もそうした路線のなかで論じられるべ

*この論文は一九二八～一九二九年に執筆された（三五年版註）。

きことをもあらわしている。

児童期における多言語併用の問題は、一方では現代心理学のもっとも複雑で錯綜した問題のひとつとして、また他方では著しく理論的・実践的な重要性をもつ問題として提起されています。後者については説明する必要もないでしょう。

二言語ないし複数言語の併用が個々の人たちではなく大衆全体の生活上の必要事になるような環境のもとに置かれたきわめて多様な国々のおびただしい数の住民が存在することや、また学校が子どもに対して複数言語の教授・学習という措置をとらざるをえないような環境が存在することは、自明のことです。わが連邦の環境における問題は格別に重要な実践的意義をもっています。そこでは二言語併用の問題と二言語の教授・学習が実践的教育学と一般にこの分野での文化活動の、明らかにきわめてアクチャルな問題となるほどに、多数の民族が、地理的・経済的・社会―文化的な諸関係のなかに濃密かつ密接に織りこまれているのです*。

こうした実践的重要性とならんで、この問題はその理論的側面をももっています。ことばの発達という事実が子どもの思考の発達と彼のあらゆる心理的形成物にとって、どのような中心的意義を有しているかは、明らかなことです。二言語の教授・学習は子どもの発達の独特な形態を示しています。この独特な形態が従っている法則を解明することは、第一義的な理論的関心と、子どものことばの教授・学習方法の面における教育学的結論の大きな重要性をあらわすものです。

したがって、きわめて多様な国々で近年、多言語併用の問題が本格的な深い研究の対象になってきてい

＊著者は、わがソヴィエト共和国連邦の環境においてこの問題はきわめて大きな政治的意義を有することを指摘していない。レーニン的民族政策の正しい展開を促進しつつ、ソ連邦諸民族のいくつかの言語を習得することそれ自体が諸民族をきわめて緊密に近づけ、兄弟的連帯の増大とわが偉大な連邦の力強さを助けるものである。これ以外に、外国語の習得は働く者にとって、先進的技術の今日的成果を獲得する重要な手段であり、また、資本主義との闘争における国際プロレタリアートの連帯を促進するものでもある（三五年版編者註）。

ることは、驚くにあたりません。なるほど、この問題を今日、すでにいくらかなりとも満足に解決されていると考えることはできませんし、私たちの論文も、問題設定にむけた資料として役立つものにし、この問題の検討に研究的にアプローチすることは差し迫った必要事であると指摘する目的のほかに何かを追求するわけではありません。

この面で現代の心理学研究がもたらしているものをまとめるならば、私たちが関心を抱くこの分野にかんする膨大な著作は、ある一定の観点から、この問題を検討していることに気づくでしょう。研究者たちの関心をひきつけているのは何よりも、ある言語の他の言語への影響にかんする実践的問題であり、より広くいうなら、多言語併用は母語のよりよい習得や子どもの一般的知的発達を促進するものであるのか、あるいは反対に、それはこの発達の途上におけるブレーキや障碍であるのかという問題です。こうした視点のもとに一連の研究が行われてきましたが、これについて今のところは簡単に述べておきましょう。

年譜的にも、また論理的にも最初のものとよばなければならないのはエプシュテインの研究ですが、この研究は、多数の言語に通じた人に対する著者の個人的観察や、いくつかの言語をマスターした一連の人たちに向けたアンケートや、最後に、著者がスイスで行ったさまざまな言語の教授・学習のいくらかの経験をもとにしています。この著者は、言語の心理的基礎は音声の複合と、それに対応する意義、つまり当該の音声の複合がその呼び名であるところの対象または考えとのあいだに確立される連合的結合である、という原理から出発しています。この基本的な心理学的前提から、問題のその後のあらゆる考察が生まれてきます。もし言語の基礎には、記号と意義とのあいだの連合的結合のほかには何もないとすれば、多言語併用の問題はこの観点からは、著しく単純な姿であらわれることになります。ここにあるのは、ひとつの

二言語併用への連合理論的アプローチ

連合的結合にかわって、二つないし複数の言語システムにおける、ある意義とそのさまざまな音声的表示とのあいだにある、二つないし複数の完全に同じ連合的結合なのです。

連合抑制とよばれてきた現象は実験心理学によって十分にうまく研究されてきました。この現象の本質は、ひとつの点から出発する複数の連合的結合は相互に抑制作用をおよぼす、ということにあります。ある観念が同時に二つの音声的表示と結びつくと、この二つの語は私たちの意識のなかで、その観念に後続してあらわれるという傾向をもちます。両者の連合的傾向のあいだに競合が発生し、その競合の結果、もっとも強い習慣的な連合的結合が勝利をおさめることになります。しかしこの勝利は、連合的過程の停滞やその他の破壊としてあらわれる闘争の結果なのです。したがってエプシュテインはつぎのことを立証します。すなわち、二つないし複数の言語システムは、相互に直接的な結合をもたず、相互に連合抑制をもたらしながら、多かれ少なかれ自律的なシステムとして同時に存在することができる、というのです。異なる諸言語のそれぞれは観念と直接的に連合して、母語とは無関係に、あらゆる印象と表現の形態で機能すると彼は述べています。しかしながら、その各々がまったく一様な連合的結合によって考えと結びつくというこれらのシステムのあいだには、反目が生じます。この反目が異なる連合的諸傾向の闘争や、あるシステムの要素と他のシステムの要素との混合、新しい言語のみならず母語にも起こる混乱と貧困化をもたらします。

●連合抑制や干渉による母語の混乱

このように連合抑制とならんで、あれこれのシステムの干渉や、混合と相互作用が発生します。ある言語の他の言語に対するこうした否定的作用は、困難の感情や、文体的誤り、異なる諸言語の語の混合などにあらわれます。

●思考への否定的作用

しかし、ある言語の他の言語への有害な影響は以上にとどまりません。多言語に通じることは不可避的に思考の障碍となる、と著者は述べています。連合的諸傾向の競合のために、この諸傾向のあいだには著しく複雑な相互作用が生まれ、あることばのシステムと他のそれとの相互的な否定的作用が起こります。異なる諸言語には他の言語の語に絶対的に正確に照応するような、ほぼ完全に同一であるような語は存在しませんし、記号のみならず意義においても、いくらかの差異がつねに存在するために、さらに、各言語はそれ自身の文法と統辞のシステムをもっているために、多言語併用は子どもの思考に深刻な困難をもたらすことになります。各民族は自分に特有である独特な流儀を――諸事物とその性質、働き、関係を名づけるために、それらをグループ化する流儀をもっている、と著者は述べています。私たちには等価的だと思われる用語も、異なる諸言語では部分的にそうでしかありません。ある言語から他の言語へと直接には翻訳しがたいニュアンスや意義や意味があります。意義におけるこの差異は、多言語に通じる際に起きる干渉の著しく強力な要因であることがわかります。あるシステムの音声的・文法的・文体的特質の他のシステムへの転化のみならず、意義のいくらかの誤った同一化も生じることになります。

●外国語の受動的使用

この困難は、語における差異のために生じる困難よりも、いっそう顕著なものだとわかります。他言語の語の挿入は相対的に稀にしかありませんが、それに対して、観念と意義のいくらかの混合はきわめて頻繁に発生します。観念の反目は語の反目よりも明らかに集中的である、と著者は述べています。二つの言語システムの相互抑制のさらに重要な要因であるのは、さまざまな言語の語が表示する観念における差異のみならず、これらの観念の結合における差異でもあるのです。

母語は各個人のなかに、統辞的形態において表現されるような、考えを連結してそれらを構成する独特な過程を確立します。こうした形態はもっぱら連合的な強固さを獲得しますが、言語が異なれば、この形態も異なるものであることがわかります。こうして、観念の連結の異なる諸原理の干渉が発生し、語や意義の相互の抑制とならんで、観念の連結・結合の異なる様式が相互に抑制しあうことも発生することになります。このような理論からエプシュテインは、もっとも弊害が少ないのは複数言語の受動的使用である、という実践的結論をくだしています。彼の意見によれば、あらゆる多言語併用は社会悪であり、教育者の課題は、子どもの発達へのこの悪の影響をできるかぎり少なくしたり緩和したりすることにあります。このために子どもはひとつの言語でのみ話さなければなりません。なぜなら、彼の観察によれば、二つの言語の能動的混合はもっとも有害であるからです。したがって、多言語で理解し読むようにすること、つまり受動的に使用することこそ、この著述家がその研究からひきだす実践的結論なのです。彼の言うところでは、多言語による印象と一言語による表現でなければなりません。

さらに多言語併用がもたらす弊害は、彼の観察によれば、言語使用の形態が能動的であるのか受動的であるのかに依存するのみならず、やはり子どもの年齢にも依存します。多言語併用がもっとも破滅的であるのは幼児前期においてであり、この時期には子どものなかに最初の習熟と思考形態がやっと確立されたばかりで、彼の思考とことばのあいだの連合的結合がまだ強固ではなく、したがって、他の言語システムにおいて確立された他の連合的結合との競合が、ことばの発達と知的発達の運命全体にとって格別に破滅的にあらわれるからなのです。こうした著しく悲観的な結論は、よく考察するに値します。

●連合理論の弱さと事実の強さ

上述した研究の弱さは、その純粋に心理学的な側面にあります。これから示そうと思いますが、エプシュテインが自分の研究の基礎においた、ことばと思考の結合の心理学理論は、彼が適用した研究方法と同じく、現代の科学的心理学の観点からは是認されませんし、ここから、彼の理論と方法がもたらした結論も、より正しい理論とより適切な方法に照らして再検討されなければなりません。

しかし、この研究の強さの側面はきわめて先鋭な問題設定のほかにも、つぎの点にあります。すなわち、さまざまな言語を使用する人たちの直接的な日常生活の観察や、直接的な自己観察や、そして最後に教育実践が、複数言語の相互抑制にかんする悲観的結論づけを肯定する事実を少なからず与えている、という点です。その住民である子どもがごく初期の年齢期から二つの異なる言語システムの影響下にあるような地域では、母語の形態をまだよく習得していない子どもが、さらに一つないし二つの他の言語を習得しはじめるとき、私たちは、ことばの発達の著しくみじめな、そしてしばしば病的な形態を実際に観察することになります。子どもはしばしば、とくに不都合な条件のなかでは、ひとつの言語システムさえ、音声学的側面でも統辞法的側面でも文体論的側面でも、完成に到るまで根底的に習得することはないのです。

母語はみずからに混ざる他のことばの要素によってけがされ、調和することもなく内的に相互に疎遠な異なる言語諸形態が同化し、子どもはさまざまな言語における語のくいちがう意義を混合的に結合します。ごく初期の年齢期から彼のことばの発達には、ある言語から他の言語への考えの翻訳という新しい要因が介入し、このために、条件によって多い少ないはありますが、母語と外国語の傷んだ方言が発生してしまいます。

二言語併用への楽観的見解

以上のようなエプシュテインの悲観的結論に対して、他の心理学者たちは、やはり幾度にもおよぶ観察をもとにした楽観的結論を対置します。上流階級の子どもの教授・学習の不可欠な特色である、家庭教師による外国語の早期の教授・学習の膨大な経験は、残念ながら一連の国々で心理学的・教育学的側面からの研究は行われないままでしたし、したがって、科学にとっては失われてしまいました。ところで、多言語併用の問題に楽観的観点からアプローチする著述家たちは、大部分は大衆的ではなく個別的レベルでの観察を、部分的には恵まれた環境のなかで生起することばの発達にたいする観察を基礎にしている、という事情は、著しく特徴的なことです。

●母語と思考へのプラスの作用

たとえばエプシュテインとの論争において、多言語併用の問題は子どもの心理学の観点から、すでに解決ずみであると見なすことはできないと指摘するシュテルンは、エプシュテインの見解に対立的な観点を対置しています。シュテルンの意見によれば、語義・統辞法・句論・文法といった意味で、異なる諸言語が相互に逸脱しあうことは、連合的干渉の現象をもたらすだけではなく、その他に、この逸脱は子ども自身の思考の働きや、比較と区別の活動や、概念の外延と限界の明瞭な理解、語義における繊細なニュアンスの理解へと子どもを促す強力な要因にもなりうるのです。

この故にこそ、多くの言語教育学者はエプシュテインとは違って、相互の逸脱を生みだす複数言語の学習は、心理発達のブレーキをもたらすよりは、この発達を促進するものであることや、二つの言語の差異は母語のよりよい理解を促進するものであると主張しました。

●二言語併用の実践原理

こうした観点の証明としてたいてい引用されるのは、フランスの言語学研究者ロンジャのはなはだ興味深い実験なのですが、彼はある年月をかけて、自分の子どものことばの発達に対して著しく興味深い観察を行いました。子どもの父はフランス人で、母はドイツ人です。彼の教育においては、ひとりの人間はひとつの言語を使用する、という原理に厳格に導かれた実験が行われました。つまり、父親は息子とたえずフランス語で話し、母親はたえずドイツ語で話しました。子どもの周囲にいる他の人たちも一部はドイツ語で話し、一部はフランス語でしたが、ほとんどいつも、各人は主としてひとつの言語で子どもに話しかけるという同じ原理が守られました。この実験の結果、子どもは二つの言語を並行的に、ほとんどまったく相互に依存しあうことなく習得しました。この実験の結果、子どもは二つの言語システムのこうした並行的習得は、言語の音声学的側面にも、また文法的・文体論的側面にも関係しています。とくに興味深いことですが、異なる構音体系にある音声がどちらにおいても、同時に獲得されたことです。二つに分裂し、二つの自立的過程に転化したことばの発達の歴史が、この子どもにあたかも観察されえたかのようです。最初の片言の音声から形態的に正しいことばへの移行を特徴づけるあらゆる相と段階は、そのあらゆる特質と特徴をもちながら、ドイツ語においてもフランス語においても同じ順次性にあることが見られました。もっとも最初のころは、母親の言語であるドイツ語がいくぶん早く先にすすみましたが。

しかしこの実験のもっとも重要な結果は、二つの言語システムの成功をとげた独立性でありますが、この独立性は子どものなかに相対的に早く発生します。彼はどちらの言語も完全に獲得しており、子どもが同じ考えを父と母に異なる言語であらわすといった著しく興味深い実験は、きわめて早期に見ることができました。

母親にあれこれのお願いを伝えるようにと、父親がフランス語で話して子どもを母のもとに行かせるとき、子どもはそのお願いに込められた考えを、純粋なドイツ語で表現しました。子どもがこのお願いを聞いたときのフランス語からの翻訳のいかなる影響も気づくことができなかったほどです。たとえば、父親は、自分の部屋は寒いので、「ここにいるのはとっても寒いから、あっちへ行きなさい」とフランス語で話して、その部屋から別の部屋に子どもをやります。子どもは別の部屋に行って、「パパの部屋はとっても寒いよ」とドイツ語で母に知らせます。

混合も干渉もなく、両言語の活用の過程が子どものなかで進行します。ある言語の他の言語への転移、語や表現の配列、翻訳されがたい語の逐字的翻訳は、まったく稀にしか子どものなかに見られません。たとえば、フランス語に特徴的である名詞の後ろへの形容詞の配列も、彼には稀にしか見られません。なるほど、この点では、ある言語の要素と他の言語のそれとのいくらかの混合がないわけではありませんが、しかし、きわめて重要であるのは、これは実験的に確認された事実であり、こうした誤りと混合は概して子どもの言語には特徴的であり、これらの事実は規則的であるよりはむしろ例外的であることです。子どもには早くからすでに、二言語併用の意識が発生します。両親がふたりともいるとき、彼は二つの言語で個々の対象の名を言い、やや遅れて、ママのように話す、パパのように話すという形で、それらを表示しながら、言語を区別するのです。

このような二つの言語の並行的習得は子どものことばの発達と知的発達を乱さなかったのだろうか、という問いに対して、ロンジャはきわめてはっきりと、乱さなかったと答えました。

二つの言語を習得するときに、ことばの発達におけるあらゆる遅滞もなく、また第二のことばの形態にすすむことに目立った追加的な苦労もなく、子どもは二重の作業を行っている、という事実は、注目すべきものです。実験はたえず、観察が行われる人為的条件のために純粋な結果をもたらしてくれますが、それと同じように、この場合のロンジャの実験が成功したのは、ひとりの人間はひとつの言語を話すというきわめて厳格に維持された原理によるものである、ということは完全な根拠をもっています。まさしく、このようなことばの活動の組織は明らかに二つの言語の干渉・混合・相互変質を回避しました。父親と母親が異なる言語で子どもに話しかけるという、ロンジャが報告する他の事例は、ことばの発達全体にまったく別の性格をもたらしました。つまり、その子どもが二つの言語を十分確実に習得するのは、ノーマルな子どもよりも著しく遅くなりました。

以上のような事例を分析したシュテルンが指摘するように、ことばを一定の恒常的状況のなかに組み入れることは明らかに、第二言語の学習を容易にする本質的指標なのです。

この実験の原理的意義は並はずれて大きなものです。その意義は、児童期のごく初期に二つの異なる言語システムを、否定的結果もなく、習得することが原理的に可能であることを確証した点にあります。その否定的結果とは、エプシュテインがその研究で指摘したもので、子どもがある環境のなかにあって、複数の言語システムを使用するような地域でことばの教育が行われるならば、一歩毎に出会いうるようなものでしたが、それが回避されたのです。

こうした原理的意義とともに、ロンジャの実験は多言語併用のもとでの、いずれにせよ初期の年齢期における言語教育学の、明らかに基礎とされるべき、最高度に価値ある実践的理念をも与えてくれます。この理念の本質は、ひとりの人間はひとつの言語を話すという原理にもとづいて、あたかも二つの言語の混合の可能性を排除するかのように、また、あたかも各人にとって影響の領域が制限されるかのように、子どもの行動を組織することにあります。

しかしエプシュテインがとりあげた問題は、ロンジャの研究がそれに与えた回答よりも、はるかに広いものです。本質的に、ロンジャは問題をひとつの側面——どのようにしたら第二言語の教授・学習は母語の発達への好都合な、あるいは不都合な面となりうるか、という側面——からのみ検討しているのです。

思考の発達をめぐる悲観的見解

しかし、他の少なからず重要な問題、狭い意味でのことばの教授・学習の範囲を超え、子どもの多言語併用と彼の思考のあいだの関連にかんする問題が残っています。私たちが見てきたように、エプシュテインはこの点でも、悲観的結論に行きつきます。彼の意見によれば、多言語併用は子どものことばの発達の面で弊害であり、彼の思考の発達の面ではさらに大きな弊害です。子どもの知的発達にブレーキをかけるこの要因は、諸概念の混合、観念の連結・結合のもつれ、全体としてあらゆる知的過程の遅滞と困難をもたらします。

ことばの獲得が子どもの知的発達全体にとっていかに大きな意義をもっているかは、一般心理学から明らかです。したがって、エプシュテインの結論には多くの言語学者も加わっていますが、その結論が多言語併用の子どもの知的発達の運命にたいする、いかなる不安をよび起こすはずであるかは、理解できることです。たとえば、シュハルトは二つの言語を習得する人間を、各々が他を弱める二つの絃をもった弓に擬えています。伝説によれば、エネイのもつ三つの心臓は、彼が三つの異なる言語でしゃべるために、明らかに著しく小さいものだったのです。

エスペレンスもやはり、多言語併用を子どもの知的発達における積極的要因と見なすような確立された平凡な規則に、疑問をなげかけています。彼は、そうした多言語併用がもたらす実践的効用を否定しませんが、彼の意見によれば、この効用はきわめて高価な値段で購入されるものなのです。

言語教育学者のオグレディはこの点について、つぎのように述べています。「早期のバイリンガリズムは教育の面で有益であると、心理学者たちは確信しているのだろうか。私は両ききに反対する説得力ある論拠を聞いたことがあるが、対象・行為のための記号を学び、語義の助けによって考えることを教えられる子どもにとって、彼は同じ事物に対して二つないし三つの語をもっているとすれば、はたして現実的優位性が示されているのだろうか。私に関して言えば、私は思考・ことば・表現の領域できわめて大きな困難を体験したが、この困難は、早期のバイリンガリズムと二つの言語の支配権のための絶えざる闘争に責任がある、ということができる。」

●ことばの病理的崩壊の事例

この点でもっとも先に進んだ著述家たちは、この問題を理論的側面から深めながら、ことばの病理的崩壊と、多言語併用者が体験することばと思考における困難との近似性について論じています。神経病理学者は、多言語併用者が失語症となったときに観察される、著しく興味深い現象を指摘しています。

セップは多言語併用者の運動的失語症を特筆すべき事例として指摘していますが、この事例は、ことばの諸中枢の局在化はことばの形成の順序に依存すると結論づけることができるものです。脳の皮質の個別的部位を破壊された病人には、母語で話をする可能性が減退しますが、同時に、使用することが少なかったり、しばしばまったく忘れていた言語のことばは、消失しなかったばかりか、発病以前よりも、はるかに自由で完全なものであることがわかりました。明らかに、ことばの機能の潜在記憶は、その形成の順序に依存して、別の場所にその度に局在化される、と彼は述べています。

私たちはこれらの事実のなかに、何よりも興味を抱きうる二つのモメントを見いだします。第一は、異なる言語システムの異なる局在化という指摘や、ある言語で話す能力の喪失のもとでの他の言語を保存する可能性という指摘、つまりさまざまな言語システム各々の相対的自立性に対する新しい証明であり、第二に、あたかもある言語システムによって駆逐されたかのように、忘れられたり、あまり使われなかったりした他の言語システムは、第一言語が破壊されたときに自由な発達の可能性を獲得する、という指摘です。

こうして私たちは、あれこれの言語システムの自律性とそれらの思考との直接的連関にかんする、また、それらの機能的な相互の闘争にかんするエプシュテインの命題を肯定する結論に行きつきます。多くの現代の研究者は、ある言語から他の言語への先鋭な移行、あるいは複数言語の同時的な教授・学習がことばの活動の病理的破壊をもたらすような一連の事例に言及しています。

ニューヴェンギウスは、その多年にわたる観察や、オランダ領インドシナでの教育指導者としての実践的経験にもとづきながら、子どもが家庭と学校とで話す二つの言語――マレイ語とオランダ語――の混合は思考の発達の分野に困難をもたらす、と結論づけています。子どもたちが家庭と学校とで二つの異なる言語で話すという明白なシステムにもとづいてもたらされる二言語併用は、幼い年齢期の子どもたちにはきわめて大きな心理学的不利益をもたらす、と彼は述べています。母語と母語による文化はこのために著しい弊害をこうむることになります。

彼はこうした二言語併用のなかに、自分自身の文化を根元から系統的に掘りくずすものを見ています。悲観的結論という意味で、いま引用したばかりの事例の近くにいるエプシュテインはすでに、子どもたちが母語に結びつけられる第二言語や第三言語のために、失語症患者におけることばの破壊に近い明白なことばの減退をあらわにした一連の事例を指摘しています。

ニューヴェンギウスはまた、自分自身の実践から、著しく興味深い事例を引用しています。彼のところに、オランダ人の父とイギリス人の母をもつ子どもが、連れてこられました。ヨーロッパではこの子は二つの言語で話していましたが、バタヴィアではそれにマレイ語がつけ加わり、その結果、この子は突然、まったくしゃべらなくなったのです。長い治療と、もっぱら一つの言語だけを使用することによって、ことばは回復されました。

同様の事例をハンツも、ドイツ人の父とイギリス人の母の息子である一三歳の少年について引用しています。この少年は、その人生のうちで三度も国をかわり、したがって三つの言語を学習しなければなりませんでしたが、その結果、彼はことばの活動をまったく拒絶してしまいました。失語症患者のことば・思考の過程と、複数言語で話す子どものそれとのあいだの平行関係にかんする問題は、失語症の現代心理学理論をもとにして、さらに今後もまだきわめて基礎的な研究を必要としているというハンツの意見に、私たちは完全に賛同することができます。

しかしながら、ことばの病理学的崩壊とのこうした接近は、十分に広がりをもった研究のなかではまったく極端な結論なのですが、そうした研究は、事柄を極端にまですすめてはいないものの、子どもの知的発達への多言語併用の影響について、やはりあまり安心できない結論に行きついています。

●知能の比較研究の問題点

こうした仕事に、サンフランシスコにおける中国人の子どもの知能にかんするグレハムの研究を加えなければなりません。この著者は、知的発達と才能について、一二歳の中国人とアメリカ人の子どもを比較し、アメリカ人の子どもは中国人の同年齢児よりも著しく優れている、と結論づけています。レーヴェッシュは、この研究結果を論じながら、アメリカ人の子どもと比べて中国人の子どもの才能はより低いものであると結論づけることはできない、なぜならば、中国人の子どもはサンフランシスコで二つの言語で話しており、二言語併用はこうした子どものより低い知的発達の真の原因であるから、と正しく指摘しています。彼の指摘によれば、グレハムの研究結果は、人種心理学の観点ではなく、言語心理学の観点から解釈しなければならないのです。

グレハムの研究ではことばのテストが使われていて、その解答には英語の習得が重要な役割を演じているのですから、レーヴェッシュの結論はいっそう信頼できるものであると思われます。ここから当然のことながら、非言語テストによる、一言語使用と二言語使用の子どもたちの比較研究への移行が生まれますが、このテストは、その作成者によれば、知能の研究結果を、子どものことばの発達・未発達の影響から分離することを可能にするものです。

三人のイギリスの著述家――ザイル、スミス、ユークスは、ウェールズの農村と都市の地域で研究を企画し、一言語と二言語で話す子どもたちの知的発達を比較することを課題にしました。この研究は、二言語の傾向にかんして相互に圧迫しあう影響を及ぼすものとしたエプシュテインの結論を基本的に確証しました。多くの子どもにおいて、英語の学習は、二つの異なるシステムの語の、母語における悲しむべき混合をもたらしました。

スミスは、一言語と二言語を使用する子どもたちの学校的能力を研究しましたが、この能力は学年度のあいだに三回、試験されました。この研究もやはり、ひとつのテストの不明瞭な結果をのぞく、ほぼすべてのテストで、二言語の子どもに比べて一言語の子どもの優位性を確証しました。

●二言語併用と右きき・左ききの問題

こうした研究によって確証された、ひとつの著しく興味深い事実が、いまや私たちの注意をひきつけます。一見して、この事実は何ら独特なことをあらわしていませんが、実際には、この事実は大きな理論的意義をもち、私たちが関心を抱くこの問題にまったく新しい側面から光をなげかけます。上述した研究者たちは特別なテストによって、二言語の子どもは通例、一言語で話す子どもほどには、自信をもって右と左を区別できないことを確証しました。この差異は、二言語で話す大人に対する特別の研究が設定されるほどに重要で示唆的なものでした。この大人を対象にした研究は、子どもを対象にして得られた結果を確証したのです。ハンツはこの事実が示すものを、つぎのように見ています。すなわち、脳のある中枢にことばと運動が局在化されているために、ことばの中枢の活動におけるもつれは明らかに、これと結びついた右手の運動中枢におけるしかるべき困難をひきおこすのである、と。ことばと手の活動のこうした連関について、カッツも当時、自分の研究のなかで述べていました。

この問題の事実的状況は、いまのところ、何らかの最終結論をくだすことを可能にするものではありません。幼い児童期に右ききがどのように発生するのか、この状況に二言語の早期の習得がどのような影響をあたえるのか、右ききの発達は子どものことばの初期発達と概してどのような関係にあるのかは、特別に研究されなければならない、とハンツは正しく指摘しています。

この問題は無条件に、思考とことばのあいだの相互関係に光をあてることができ、したがって、この著述家がこの問題の解明にかんする研究を自分の広く専門的な研究のなかに組み入れるとき、彼はきわめて正しく振るまったのです。左右の領域におけるこの非定位づけとともに、リズムは音声に転換されねばならないので、二言語の子どもは一言語の子どもより、リズム能力に劣ることを示している、という事情も提起されなければなりません。

リズムは運動と、運動のもとで発生する運動感覚とに、きわめて密接に結びついているので、私たちの前にはふたたび同じ問題が、多言語併用者の右手・左手について述べたときに上ですでに触れた問題があらわれることになります。

これまで引用してきたデータによって、私たちは理論的および実践的な面で、きわめて重要な結論をくだすことができます。子どもの母語の純粋な発達に対する、また子どもの一般的な知的発達に対する二言語併用の影響にかんする問題は、いまのところ解決されていない、と考えられます。さらに、この問題は本質的にきわめて複雑で論争的な問題であり、その解決のためには特別な研究を設定することが必要である、と考えられます。さらに、今はまだ、この問題の発展は、単純で一義的な解決を得ることを前提にすることはできない、と考えられます。反対に、これまで引用してきたあらゆるデータが証明しているのは、この問題の解決は著しく複雑であり、子どもの年齢や、あれこれの言語との出会いの性格に、そして最後に、もっとも重要なこととして、母語と他の言語の発達に対する教育学的働きかけに依存していることなのです。つぎの一事はもはや、どのような疑念もひきおこさないでしょう。すなわち、子どもの獲得する二つの言語は相互に機械的にぶつかったり、相互のブレーキという単純な法則に従ったりしないことです。

未解決な問題としての二言語併用

ここからまったく明白になることですが、教育学にとって、また多言語併用が子どもの発達における基本的事実となっている地域での文化活動にとって、子どものことばの教育のさまざまな形態にかんする問題は詳細に細分化されなければなりません。子どもの多言語併用の問題はいまのところ解決されているとは考えられないとはいえ、それでもやはり、私たちはいまはまだ理論的観点から、あらゆる諸事実の多様性をひとつの首尾一貫した概念に包摂することができなかったとしても、そのために、さまざまな理論の基礎にある諸事実は説得力を失っているのではありません。

●事実の両価性

ところで、これらの事実が物語るのは、二言語併用は一定の条件のもとで、子どもの母語の発達ならびに彼の一般的な知的発達を困難にする要因となりうることです。しかし、それにおとらず説得力のあるデータが同時に物語るのは、二言語併用はそうした有害な結果をもたらさないこともあり、個々の子どもの深い観察や、より複雑な大量の研究が示すように、二言語併用は子どもの母語の発達ならびに彼の一般的な知的成長に好都合であるような要因となりうることなのです。

幼い年齢期の子どもの二言語併用に対するロンジャの観察に類似した他の個人的観察はいまは引用しないでおきたいのですが、パリで育ちセルビア語とフランス語を習得した自分の子どもを観察したセルビアの言語学者であるパヴロヴィッチのような他の研究者や、マライ語とドイツ語を教えられた自分の二人の息子に対する地質学者フォルッツの観察は、ロンジャの方法的研究をもとにした結論と同じ結論に到達していることだけを述べておきます。二言語の各々にとって、子どもの心理のなかにあたかもその独特な応用領域、シュテルンの表現によれば独特な種類の装置が形成されているかのようであり、それは、二つの言語システムの単純な機械的な混淆をさまたげているのです。

●各言語の自立的領域

しかし、こうした観察がまったく明瞭に示していることですが、子どものことばの発達にもっとも大きな困難が訪れるのは、教育条件がそれぞれの言語の多かれ少なかれ自立的なこうした応用領域の形成を保障していないときであり、また子どもが異なる言語システムの偶然的混合の支配下にあり、二つの言語が無秩序に混合されるときなのです。簡単にいえば、子どもの二言語併用が自然発生的に、教育の働きかけによる方向づけなしに発達するとき、二言語併用は否定的な結果をもたらすのです。

こうして、私たちは、その信頼性に強固な確信をもって下すことのできる基本的結論に行きつくことになりますが、それは、教育的働きかけや教育による方向づけの役割は、子どものことばと彼の知的発達とのあらゆる運命にとって、子どもたちの二言語ないし多言語併用の場合においてこそ決定的意義をもっている、という結論です。ここから明らかになるのですが、この要因の影響にかんする特別な研究を設定することは――それは、子どもの意識における二つの言語システムの相互抑制という意味であるばかりか、その意義のあらゆる多様性において、この影響をとらえる研究ですが――明らかにきわめて複雑な、こうした子どものことばの発達にかんする心理学的データと調和する科学的な教育方法を作りあげるために、不可欠の前提となるものです。私たちは、このような将来の研究の設定に対するいくらかの理論的な考えを、まとめとして指摘しておきたいと思います。前に述べたことですが、これまで引用してきたこの分野の、エプシュテインの研究も含めたあらゆる研究のもっとも大きな欠点は、これらの著述家たちには、いま私たちが関心をもつ問題を提起し研究する前提となっている方法論的・理論的な根拠がないことです。

たとえば、現代の心理学研究は、思考とことばのあいだの関係を二つの観念の単純な連合的結合とはけっして見なしませんが、そうした連合的結合の基本法則となるものは、相互抑制の法則なのです。実際には、この正しくない観念にことごとく規定されたエプシュテインのすべての概念が、この観念とともに凋落しているように、こうした正しくない観念は放棄すべきなのです。思考とことばの問題は、この高次の、人間に固有な機能の基礎に横たわる連関・依存関係にははかりしれず大きな複雑性が存在するという結論に、心理学者を導きます。まさしく、この現象の複雑性そのものが必然的に、私たちにそれを考慮するように求めているのです。

内容的には異なるものの、形態的には似た同様の欠点が、別の種類の研究に見られますが、その研究は、主としてテストの資料をもとに行われています。ここでは、現代のテスト学が体験している方法論的危機をくわしく論じる余裕はありません。テストによる研究のラディカルな経験論は、私たちが社会的構成に

二言語併用をめぐる理論的問題点

●テスト研究の限界性

もとづく諸グループを比較するためにテストを使用したいと思えばすぐに、完全な理論的な根拠のなさにしばしば行きついている、と述べれば十分でしょう。標準を基礎にして導出されるテストは大部分が、基本条件を不変のままにしたもとで、かくも経験的に確認され、多かれ少なかれ恒常的な結果をもたらすような、経験的に発見された研究手法にほかなりません。しかし、大多数のテストを使用しても、テストが提起する課題を解決するときに働く機能の心理学的本性はどのようなものか、ということはわからないのです。たとえば、ビネーのテストを解決する子どもが用いる知的操作の活動の成分・構造・様式はどのようなものかを近似的に規定することはできません。したがって、私たちが比較する二つの子どもグループの場合、こうしたテストの解決での差異が何を原因としなければならないのか——この差異をひきおこすのは、一方が多言語併用で、他方が一言語使用という要因であるのか、あるいは、知的発達の一般的進行を規定する、その意義についてははるかに強力で、はるかに広範な諸要因がここでは働いているのか——を確認することはできないのです。テストによって得られるような純粋に全般的な特徴づけでは、この問題にあらゆる確信をもって答えることはできません。しかし、いかに頻繁に研究者たちがテストの誤りにおちいり、社会的諸条件のあらゆる複合全体を理由にすべきところを、多言語併用を理由としてきたかを見るためには、上述した研究をまさしく批判的に分析すべきなのです。

私たちはすでに、サンフランシスコにおける中国人とアメリカ人の子どもたちの比較研究のデータをとりあげました。この研究の著者は、アメリカ人の子どもと比べて中国人の子どもの知的才能はより少ないことを認めるという観点で、人種心理学の見地からデータを検討する傾向にあることを、私たちは見てきました。レーヴェッシュは完全な根拠をもって、こうした結論の正当性に反駁し、中国人の子どもの二言語併用の事実を、英語の知識を必要とするテストの解決において中国人の子どもの低い指標をもたらしうる原因として指摘しています。この反駁は反論しがたいものと思われ、この研究の結論は人種心理学の見地からではなく言語心理学の見地から検討されなければならない、という著者に、私たちは同意します。しかし、私たちはさらに先にすすみ、中国人の子どもの二言語併用のみならず、知的発達を全体として規定する直接的で基本的な要因である社会的諸条件のあらゆる複合をも、こうした差異の説明にあたって中心に置かれるべきである、と主張する用意があります。テスト的方法を使用した大多数の研究者によって、問題のこのあらゆる複雑性が軽視され、また知的発達のこうした全般的評価は社会的諸条件のあらゆる複合全体における差異についても同じような全般的な結論づけを可能にする、という事実が忘れられたのです。

もしも多言語併用とその影響という要因を特別に提起したいのであれば、つぎの二つの道のどちらかを進まなければなりません。すなわち、他のすべての条件を比較しなければならないか、つまり完全に類似した社会的諸条件のなかで発達し、二言語併用の点でのみ相互に異なる諸グループを選択しなければならないか、あるいは、全体としての知的発達の全般的・テスト的評価を放棄して、深い心理学的分析の道を歩まなければならないか、のどちらかです。そうした心理学的分析は、二言語併用の事実に直接に関係するいかなる種類の機能が二言語併用に依存し、二言語併用と直接的な因果関係によって結びついているか、また、いかなる機能が間接的、側面的にこうした事情の影響をこうむるにすぎず、他のモメントによって説明されるのか、を確証することを助けてくれるのです。

私たちが関心を抱くこの問題の心理学的研究は、問題をそのあらゆる複雑性において解明するためには、いま指摘した両方の道にそって歩まねばならないように思われます。私たちにはかくも必要と思われ、また、これまでの研究の批判的検討からも生じる第二の考えは、二言語併用の問題全体を静止的にではなく力動的に、子どもの発達のアスペクトにおいて取りあげなければならないという点にあります。科学的観点からすれば、エプシュタインやその他の著述家たちの著作に見いだされる問題設定は、根拠がないように思われます。あらゆる事情にかかわりなく、子どもの発達が経過する具体的諸条件や、各年齢段階で変化するこの発達の法則性に無関係に、どこでもいつでも、二言語併用は好都合な要因か、それとも抑制的な要因か、と問うべきではないのです。

●社会的要因の具体的研究と子どもの発生的研究——問題の拡大・深化

したがって、一方では、子どもの知的発達の社会的諸要因の全総和を考慮にいれて具体的研究に移ること、他方では、子どもの発達過程のなかで、その質的変化のあらゆる多様性において事実を追求しようとする発生的研究に移ること——これが、明らかに、私たちの研究が自分のものにしなければならない二つの規則なのです。

最後に、こうした一般的な研究の設定に対する第三の考えは、この問題の研究にあたって、表面から、外的特徴・指標の考慮から、深部へ、子どものことばの発達に直接に関心をもたれるような諸過程の内的構造の考慮へと下ることが求められる、という点にあります。ある面では、問題のこうした拡大や深化はすでに、これまでの研究の発展過程で行われており、この問題が最初の問題設定の狭い限界を超えてどのように発展してきたかを示す機会は、すでにありました。

子どもの多言語併用の問題はいまではもう、第二言語の影響に依存した母語の純粋性の問題ではありません。この後者の問題はより複雑でより広範な問題の一部でしかありません。そうしたより広範な問題は、この概念に通例含まれる、心理学的内容のあらゆる豊かさにおける子どものことばの発達にかんする一般的学説を含むものです。全体として子どものあらゆることばの発達、彼の母語の純粋性のみならず、さらに子どものあらゆる知的発達、最後に、性格の発達、情動的発達――これらすべてが、ことばの直接的影響をあらわしています。

しかし、こうした方向への問題の拡大がこれまでの研究者たちによって、すでに意識されていたとしても、今日まであまり明らかにされてこなかった子どもの発達におけることばの影響の領域があります。私たちはこの概論のまとめとして注意を払いたいのですが、これは、隠されたことばの影響の領域です。

●言語テストと隠されたことば

ことばは、明瞭に発音された語がそこに入り込むような諸機能の活動のなかにのみ参加する、と素朴な認識にはそう思われます。いわゆる言語的テストのすべては提起された課題の言葉による定式、あるいは、言葉による定式を必要とする解決を含んでいます。こうしたテストに通常、対置されるのは、非言語テスト、つまり言葉のないテストです。このテストは、言葉による指示を含まないか、それを最小限にとどめるもので、その解決は言葉をはっきりと用いることのない、行為による一定の補償という点にあります。素朴な認識は、こうして、ことばの明白な使用を排除する純粋に外的な方法によって、子どもの知的操作への言語のあらゆる影響を排除することができ、言葉によって曇らされることのない純粋な形で知能を得られるであろう、と仮定することになります。

この素朴な観点は実験的批判にたえられないことを、私たちの研究は示しました。実際のところ、いわゆる非言語テストの解答には、その不可欠な条件として、ことばの内的な隠された参加を二重の形態で必要とします。一方では、私たちの前にはたんに、外言に替わる内言があります。黙って課題を解決する子どもは、実際にはことばの助けなしでは、それをまだ解決しません。彼は外言の過程を内言の過程に替えているだけなのです。もちろん、内言は、外言とは質的に異なり、ことばの発達のより複雑で高次の段階なのです。こうして、この研究者たちは非言語テストを導入して、それはまさしく子どもの操作からことばの参加を抜き取っていると考えているのですが、実際には、自分でも気づかずに、ことばを隠れた形で、内言の形態で、つまり、子どもにはよりむずかしい形で導入しているのです。こうして、このテストはことばの影響を消去せず、子どものことばの発達にさらに高次の要求を呈示しながら、テストの言語的部分を軽減するどころか、いっそう困難にしています。なぜなら、内言の助けによって解決することは子どもには、外言の助けによるよりも困難であり、内言はことばの発達のより高次の段階であるからなのです。

しかし、ことばの隠された影響の他の形態は、いっそう興味深いものです。子どもに合理的、有意味的で、複雑な行為を要求する非言語テストは、その不可欠な部分に内言を組み込まないでおくこともでき、あるいは、あまり重要ではない程度に内言をおしとどめることもできます。同時に、このテストはこうした行為に対して、子どもの実践的知能の高度の発達をもとにしてのみ遂行しうるような要求を呈示します。ところで、研究者たちは今度は、子どもの実践的知能の発達はことばの助けでつぎのように実現されることを示します。すなわち、ことばは、非言語テストによって要求される課題の解決にいまや直接的に、解決の瞬間には参加していないとしても、ことばは子どもの実践的知能の発達というものの不可欠の条件を構成したのだから、ことばは過去において課題解決に参加していたのです。

ある研究者がつぎのような形で定式化する、現代の思考心理学にとって基本的な命題を忘れてはなりません。語を使用することなしに人間的に思考する能力は結局のところ、ことばによってのみ与えられる、と彼は述べています。こうして、ことばという要因を消去することは容易ならざる事柄であることがわかります。戸口でことばを抑えても、ことばは窓を通り抜けていくのであり、研究者たちは、子どもの知的操作へのことばのこうしたさまざまな参加形態のあらゆる多様性と質的独自性を軽視してはならないのです。

しかし問題は、子どもの思考と実践的知能だけにとどまりません。私たちはすでに、ことばが子どもの右きき、あるいは左ききといかに結びついているのかについて述べました。同じような依存関係は情動の面や、また性格の面でさえ存在することを示すことができるでしょう。すでに、これまで研究者たちは、子どもの情動的・性格学的発達のいくらかの変化はことばに依存することを述べてきました。あらゆる事実的・理論的根拠をもって、つぎのように主張することができます。すなわち、子どもの知的発達のみならず、彼の性格や、情動や、全体としての人格も、ことばに直接に依存するものであり、したがって、そのどちらの形態ないし段階においても、子どものことばの発達における二言語併用または一言語使用との関連を明らかにしなければならないのです。

こうして、問題は拡大され、つぎのような形をとります。二言語併用は、全体としてとらえられた人格のあらゆる心理発達にたいするその影響を、あらゆる広がりとあらゆる深みにおいて、研究されなければなりません。

二言語併用の問題へのこのようなアプローチだけが、この問題の理論の現代的状況からみて、正当なものなのです。

＊　＊　＊

『思考と言語』からの抜粋

この問題でのL・ヴィゴツキーの見解にかんするデータをより周到なものにするために、上で述べられたことの補足として、生徒による外国語の習得の問題について、彼の著作『思考と言語』から抜粋をあげておきます。

一九三四年に、生徒の発達の一般的進行にとって、学校での外国語の教授・学習がもつ意義にかんする問題に光をあてながら、L・S・ヴィゴツキーはつぎのように書いています。

「周知のように、子どもは、母語を習得するのとは完全に別のやり方で、学校で外国語を習得します。母語の発達においてかくも上手に学習される事実的法則性のうちの、ほとんどひとつたりとも、外国語の習得にあたって、いくらかなりとも類似した形で繰りかえされるものはありません。ピアジェが正しく述べていますが、子どもにとって大人の言語とは、私たちにとっての、私たちに学ばれる外国語のようなものではありません。つまり、すでに事前に獲得された概念にひとつひとつ対応する記号システムではないのです。部分的には外国語にまさしく翻訳される、すでに成立し発達した語義が存在するおかげで、すなわち、部分的には母語の相対的成熟という事実そのもののおかげで、専門的研究が示すように、部分的には外国語はまったく別の、内的・外的諸条件のシステムによって習得されるおかげで、外国語はその発達において、母語の発達過程とはきわめて深く異なるという特色をあらわにします。異なる条件のなかを進む発達の異なる経路が完全に同じ結果に行きつく、ということはありえません。もしも学校での教授・学習の進行における外国語の発達が、完全に別の条件のなかでずっと前に通過した母語の発達の経路を反復ないし再現するのだとすれば、それは奇跡でありましょう。しかし、この差異は、それがどんなに深いものであっても、つぎのような事実を覆い隠すものであってはなりません。すなわち、こうした母語と外国語という二つの発達過程は、それらは本質的にことばの発達の諸過程のひとつのクラスに属しており、他方では、言語発達の同じひとつの過程の内部における、どの先行するものをも繰りかえさない新しいヴァリアントである書きことばの発達という、ふたたび著しく独自的な過程が、このクラスに加わります。さらに、母語と外国語の発達、書きことばの発達という、これら三つの過程の全体は互いに著しく複雑な相互作用のなかにあり、このことは疑いもなく、それらが発生的過程の同一のクラスに属していることや、それらの内的統一性を示しています。すでに前述したように、外国語の発達が独自的な過程であるのは、それが、長期にわたる発達の過程で発生する、母語のあらゆる意味論的な、つまり意味的な側面を利用するためです。外国語の教授・学習は、こうして、その土台である母語の知識に立脚することになります。子どもの母語に対する外国語の反作用という点にある、この二つの過程のあいだの反作用は、あまり明らかではなく、よく知られてはいません。しかしゲーテが、外国語をひとつも知らない者は自分自身の言語をも知らない、と語るとき、彼は、こうした反作用が存在することを見事に理解したのです。研究はゲーテのこの考えを完全に確証していますが、そうした研究が強調しているのは、外国語の習得は、言語形式の意識化、言語現象の一般化、考えの道具や概念の表現としての、より意識的で随意的な語の使用という意味で、子どもの母語をも高次の段階に引き上げることなのです。代数学の習得はあらゆる算術的操作を代数的操作の部分的事例として理解しうるようにし、具体量の操作に対して、より自由で、抽象的で、一般化された、つまり、より深く豊かな見方を与えることによって、算術的思考を高次の段階に高めますが、それと同じように、外国語の習得もまた、子どもの母語を高次の段階に高めるということができるでしょう。代数学が具体的な数式への隷属から子どもの思惟を解放し、それをもっとも一般化された思惟の水準にまで向上させるのと同じように、外国語の習得は、まったく違うやり方によってですが、具体的な言語形式・現象への隷属から、子どものことばによる思惟を解放します。

しかし研究が示すように、外国語がその発達において子どもの母語に依拠し、そして外国語自身の発達の程度に応じて、母語に反作用を与えることができるのは、外国語がその発達において母語の発達の経路を繰りかえさないからなのですが、それはまた、母語と外国語の強さと弱さが明らかに異なっているためでもあります。」

ここで、母語と外国語の発達の経路を、生活的概念・科学的概念の発達と対比しながら、L・S・ヴィゴツキーはつぎのように書いています。「子どもの知的発達の一般的進行に対する科学的概念のこうした影響を説明することに移るまえに、この過程と外国語の習得過程の、上述した類似性について述べたいと思います。なぜなら、この類似性は疑いもなく、私たちが述べた科学的概念の発達の仮説的経路は、系統的な教授・学習がその源泉であるような発達に属する発達過程のより広範なグループの部分的事例にすぎないことを、示しているからです。一連の類似した発達の歴史をあつかうなら、問題はより明瞭で説得力のあるものになります。発達はけっして、あらゆる領域で、ひとつの図式にもとづいて進行するものではなく、発達の経路はきわめて多様です。そして、私たちがここで解釈していることは、母語との対比における、子どもの外国語の発達にきわめて似ています。子どもは、母語とはまったく違うやり方で、外国語を習得します。外国語の習得は、母語の発達がすすむのとは直接的に対立する経路にそって進んでいく、といっていいでしょう。子どもは母語の習得を、アルファベットや、読み書きや、フレーズの意識的・意図的構成や、語義の言語的定義や、文法の学習からはけっして始めませんが、これらすべては通例、外国語の習得の始めに位置するものなのです。子どもは母語を無意識的、無意図的に習得しますが、外国語は意識性・意図性から始まります。したがって、外国語の発達は上から下へとすすむのに対して、母語の発達は下から上へとすすむ、といってよいでしょう。母語の場合には、まず、ことばの要素的な低次の性質が発生し、その後でようやく、言語の音声構造と文法形式の意識化やことばの随意的構成と結びついた、ことばの複雑な形式が発達していきます。外国語の場合には、まず、意識性・意図性と結びついたことばの高次で複雑な性質が発達し、その後にようやく、外国語の自然発生的で自由な使用と結びついたより要素的な性質が発生するのです。

この点にかんして、シュテルンの理論のように、ことばの発達のそもそもの始まりは言語の原理や、記号と意義の関係を獲得することから出発すると仮定する、子どものことばの主知主義的発達理論は明らかに、外国語の習得の場合にのみ正しく、その場合にのみ適用できるものである、といってよいでしょう。しかし、外国語の習得、その上から下への発達は、私たちが概念にかんする面で見いだしたことをあらわにします。すなわち、子どもにおいて外国語の強さが示されるところは、彼の母語の弱さを構成しており、その逆に、母語がそのあらゆる強さをあらわにする領域では、外国語は弱さを示すのです。たとえば、子どもは母語において、あらゆる文法形式を見事に申し分なく使用しますが、彼は文法形式を意識していません。彼は名詞などを活用させ、動詞を活用させているのですが、自分がそうしていることを意識していません。彼はしばしば、性・格・文法形式をいうことができませんが、しかるべきフレーズでそれらを正しく適用するのです。しかし、外国語においては、彼はその当初から、語の男性・女性を区別し、名詞などの活用や文法的変形を意識することになります。

音声の面でも同様です。子どもは、母語の音声的側面を申し分なく使用しながらも、自分があれこれの語でどのような音声を発しているのかを理解しません。したがって、文字を書くときに、彼は大きな困難をかかえて、語を個々の音韻に分解することになります。外国語では、彼はこれを容易に行います。彼の母語での書きことばは、話しことばと比べて、おそろしく遅れますが、外国語での書きことばはこうしたくいちがいをあらわにはせず、まったくしばしば、話しことばと比べて先を駆けています。このように、母語の弱い側面はまさしく、外国語の強い側面なのです。しかし逆も真なりで、母語の強い側面は外国語の弱い側面であることがわかります。音声の、いわゆる発音の自然発生的活用は、外国語を学びつつある生徒にとって、もっとも大きな困難です。文法構造を素早く正しく適用しながらの、自由で生きいきした自然発生的なことばは、発達のいちばん最後に、大きな困難をもって達成されます。母語の発達が自由で自然発生的なことばの使用から始まり、ことばの形式の意識化とその習得によって遂行されるのに対して、外国語の発達は言語の意識化とその随意的習得から始まり、自由で自然発生的なことばで終わります。この二つの経路は明らかに、対立的な方向性をもっています。

しかし、こうした発達の経路の対立的な方向性のあいだには、科学的概念と自然発生的概念の発達のあいだにおけるのとまったく同じように、双方向的な相互依存関係が存在しています。このような外国語の意識的・意図的習得が母語の発達の一定の水準に依拠していることは、まったく明らかです。子どもは、母語における知識体系をすでに持って、それを他の言語の領域に移しながら、外国語を習得します。しかし逆に、外国語の習得は、母語の高次の形式を獲得するための道を踏みならします。それは、子どもが母語を言語システムの部分的事例として理解することを可能にし、したがって、子どもに母語の現象を一般化する可能性をもたらしますが、それが意味するのは、自分自身のことばによる操作を意識化し、それを習得することなのです。代数学は一般化であり、したがって算術的操作の意識化であり、その獲得であるのと同じように、母語を背景とした外国語の発達は、言語現象の一般化やことばによる操作の意識化、つまり、それらを意識的で随意的なことばの高次の平面に移動させることを意味します。まさしくこの意味において、外国語をひとつも知らない者は自分自身の言語をも根底までは知らないと語るゲーテの格言は理解されなければならないのです。」

V　書きことばの前史＊

［訳者解説］この論文でヴィゴツキーは、書きことばには長い「前史」が存在すること、その前史は断絶と変身に満ちているとはいえ、おおよそ「身ぶり」およびその発展としての「遊び」と「描画」、さらに「描画」のなかで進展する第一段階から第二段階へのシンボリズムの深化を書きことばの発達というひとつの構図のなかに位置づけようとしている。書きことばの起源は最初の視覚記号としての「身ぶり」の発生にあるという命題は、原始的な絵文字が身ぶりの固定化であるという歴史的視点と、子どもの「遊び」と「描画」は身ぶりを源泉とするという発生的視点とを見事に結びつけている。ごっこ遊びのなかである対象が他の対象の代理をしうるのは、ある対象を他の対象として使用する身ぶりが可能であることを理由にする点や、なぐり描きなどの初期の描画が身ぶりの直接的な延長であるという発生的分析が観察や実験にもとづいて説得的に語られている。

ヴィゴツキーは書きことばの本質的特徴を、それが第二段階のシンボリズム（間接的シンボリズム）であることや、しかも、それはしだいに第一段階のシンボリズム（直接的シンボリズム）になりゆくことに見ている。したがって、書きことばは即自的には対象の直接的なシンボルではなく、ことばそのもののシンボルとしてあらわれる。ことばそのものを描く（原始的なメモ）というヴィゴツキーとエリコニンの実験は、描画において第二段階のシンボリズムが発生しうることを証明している。こうして身ぶり、遊び、描画、書き方は書きことばの発達路線のなかに位置づけられることになる。

この論文の最後には、書きことばの教授・学習の実践的課題にふれられている。その課題のひとつである書き方の教授・学習の開始を就学前に移すという主張は、当時の旧ソヴィエトでは就学は八歳からであったことを念頭において理解すべきであろう。本書の第二論文にあるように就学前期を二つの段階に分けるとすれば、その第一段階では書きことばの前史と位置づけられる遊びと描画を重視し、第二段階では文字の指導を位置づけるということがヴィゴツキーの考え方として読み取れるように思われる。より本質的な指摘は、書き方の技術と書くことの必要性との矛盾についてである。シンボリズムの発生や鉛筆を握るなどの運動的能力からすれば、子どもは早くから書き方を学ぶことができるが、書

＊手稿『健常児と障害児の文化的発達の歴史』（一九二八～一九二九年）第七章より（三五年版編者註）。
ロシア語版『ヴィゴツキー著作集』（全六巻、一九八二～一九八四年）第三巻には、このテクストが「書きことばの発達の前史」のタイトルで手稿『高次精神機能の発達史』（一九三一年）第七章として収録されている（訳註）。

くことの必要性を感じて書き方を学ぶという点では六歳でも早すぎるという指摘は、ひとつの現実的矛盾として、その解決を教育に求めたものとして示唆的である。

書きことばとはなにか

●書きことばは教えられているか

学校での教授・学習の実践において、書き方は、それが子どもの文化的発達過程ではたしている巨大な役割に比して、今日まであまりにも狭い位置しかしめていません。今日まで、書き方の教授・学習は狭く実践的なものとしてだけ提起されています。文字を取りだして、それで語をつくることは子どもに教えられていますが、書きことばは教えられていないのです。文字の読み方のメカニズムそのものが書きことばそれ自体をさえぎるほどに、前面に押しだされています。このため、書き方や読み方のメカニズムそのものが、このメカニズムを合理的に利用することよりも優勢になっているのです。同じようなことは、聾唖児の話しことばの教授・学習においても起きているのですが、そこでの教師のあらゆる注意は、正確な発音の人工的な、つまり正しい習熟を子どものなかに作りあげることや、個々の文字とその正確な発音の組織に向けられています。この場合もまた、こうした発音の技術の背後にある話しことばに、聾唖の生徒は気づきませんでした。得られたのは死せることばだったのです。

この方法の反対者が正しく述べているように、こうした子どもたちに教えられたのは、話しことばではなく語の発音でした。同じことは、今日の生徒たちの書き方の教授・学習でも起きています。彼らに教えられているのはやはり、書きことばではなく語の書記であり、したがって、書きことばの教授・学習はかなりの程度まで、伝統的な習字の水準よりも上に引きあげられませんでした。事柄のこうした状態は何よりも歴史的原因によって説明されます。それはまさしく、実践的教育学が、読み方や書き方の教授・学習方法はきわめて多数存在しているにもかかわらず、子どもの書きことばの教授・学習の十分に合理的で科学的で、実践的にも根拠のある様式をこれまで作りあげてこなかったことによります。したがって、こうしたことばの教授・学習にかんする問題そのものが、今のところまだ明らかに発見されずにいるのです。子どもが自分自身の力でそのなかに根をはる話しことばの教授・学習とは違って、書きことばのあらゆる教授・学習は、教師と子どもに絶大な注意と努力を要求し、その結果、何か自足的なものに転化してしまうような人為的な修練をもとに構成されますが、これと比べて、生きた書きことばそのものが後方に退いてしまうのです。書き方の教授・学習は今日までまだ、わが国では、子どもの自然に発達しつつある欲求や彼の自己活動にもとづいておらず、彼に外から、教師の手から与えられており、それはある種の技術的習熟の育成に、いわばピアノの演奏に似ているのです。こうした事柄の状況においては、生徒は指の動きの速さを発達させ、楽譜を読みながら鍵盤をたたくことを教えられることになり、彼はまったく音楽そのものには導かれません。こうした書き方のメカニズムそのものへの一面的な熱中は、実践のなかだけではなく、理論的な問題設定のなかにもあらわれています。心理学もまた今日まで、普通の書き方を複雑な運動的習熟であるとか、手の細かい筋肉の発達の問題であるとか、広い罫と狭い罫の問題であるなどと見なしてきました。それ自体としての、つまりシンボルと記号の独特なシステムとしての書きことばの問題は、その習得が子どもの文化的発達の危機的転換点を意味する問題なのですが、この問題は心理学のなかでまったくわずかしか検討されていません。この問題にかんする一連の研究がすでにあるとはいえ、私たちは今のところまだ、子どもにおける書きことばの発達の首尾一貫した完全な歴史を書く状態にはありません。私たちは、この発達のもっとも重要な諸点を指摘し、そのもっとも主要な諸段階について詳しく述べることができるにすぎません。書きことばの獲得は子どもにとって、独特で著しく複雑な記号のシンボル・システムを獲得することを意味するのです。

●第二段階のシンボルと書きことば

ドラクロアが正しく述べているように、このシステムの特質は、しだいに直接的シンボリズムになっていく第二段階のシンボリズムである、という点にあります。その意味するものは、書きことばは、話しことばの音声と語を条件的に表示する記号システムからできていますが、この記号は今度は、現実の対象や関係のための記号となっていくことです。しだいに、この間にある中間的な連関である話しことばは死滅していき、書きことばが諸対象とそれらの関係を直接にシンボリックに表示する記号システムに転化していくのです。この複雑な記号システムの獲得がもっぱら機械的に外から、たんなる発音によって、また人為的な修練によって行われえないことは、私たちには何よりも明らかです。書きことばの獲得は、あたかもそれは決定的瞬間に外から、学校での修練によって規定されているかのようですが、実際には子どもの行動の複雑な機能の長期にわたる発達の所産であり、また書き方の教授・学習のモメントに歴史的観点からアプローチしさえすれば、すなわち、このモメントを子どもの文化的発達の全歴史のなかで理解しようと努めるならば、書き方の心理学全体の正しい解決に近づきうることは、私たちには明らかなことです。

変身と断絶に満ちた書きことばの発達

こうした子どもにおける書きことばの発達の歴史は、大きな困難を研究にもたらします。書きことばの発達は、私たちのもとにある資料から判断できる限りでは、諸形態の直接的継承性という姿を保持しながら一直線に進むものではありません。子どもにおける書きことばの発達の歴史のなかで、私たちはまったく予期しない変身、つまり書きことばのある形態から他の形態への転化に出会います。書きことばは、事物の発展にかんするボールドウィンの見事な表現によれば、退化であるのと同じ程度に進化でもあります。

このことが意味するのは、発達・前進・新しい形態の誕生とならんで、私たちが一歩ごとに、古いものの縮小・死滅・逆発達の過程を確認できることなのです。子どもにおける書きことばの発達の歴史もこうした断絶に満ちています。その発達路線は突然、それを追跡する研究者の眼からまるで姿をまったく消すかのようです。突如として、あたかも完全にどこか外部からであるかのように、新しい路線がはじまり、一見すると、中断された旧路線と開始された新路線のあいだには、いかなる継承的連関もまったく存在しないように思われてしまいます。しかし個別的な小さな変化や、ある形態から他の形態への目立たない移行の漸進的蓄積によってもっぱら遂行される純粋な進化的過程として発達をとらえる素朴な観念はまさしく、私たちの前で起きている過程の真の本質を見えなくしてしまいます。あらゆる発達過程をたえざる成長の過程と思い描く傾向にある人だけが、上述した断絶・死滅・変身があるにもかかわらず、子どもの書きことばの歴史は単一な発達路線であると見なすことができるという考えを、否定するにちがいないでしょう。

科学にとって概して革命的発展のタイプはすでにいささかも新しいものではありませんが、それは児童心理学にとっては新しいものです。したがって、きわめて巧みに設定された個別的な研究があるにもかかわらず、児童心理学においてはまだ、書きことばの発達過程をまさしく歴史的過程、統一的な発達過程と考える、いくぶんなりとも首尾一貫した大胆な試みは存在していません。

このように、書き方の獲得は、心理学的側面からすれば、子どもに外部から与えられた純粋に外的・機械的な行動形態としてではなく、書き方の獲得を準備し可能にしてきたあらゆるものと発生的に結びついた、ある時点で必然的に発生する、彼の行動発達の一定のモメントとして、とらえられなければなりません。

書きことばの発達が最初のもっとも明瞭な文化的発達路線に属しているのは、人類の文化的発達の過程でつくられ創造されてきた、明瞭な外的手段のシステムと結びついているためです。しかし、この外的手段のシステムが子ども自身のなかで心理機能や、彼の反応のシステムや、彼の行動の独特なシステムになるためには、また人類の書きことばが子ども自身の書きことばになるためには、発達の複雑な過程が必要なのですが、私たちはいま、もちろん一般的な特質でしかありませんが、この過程を明らかにしようとしているのです。

上述したことからすでに明らかですが、書きことばの発達は、子どもが学校で書き方の学習を開始するよりもはるか前に始まる、著しく複雑で長い自己の歴史をもっています。科学的研究の第一の課題は、こうした子どもの書きことばの前史を解明すること、子どもを書き方に導くものは何か、この前史的発達はどのようなもっとも重要な諸モメントを通過していくのか、それは学校での教授・学習といかなる関係にあるのかを示すことです。こうした子どもの書きことばの前史はたいてい、特別な分析なしには、書き方の発達を準備する諸段階を明るみに出すことが困難であるような形態で進行していきます。不都合な外的条件のもとでは、しばしばこうした段階そのものが、それらをつねに明らかにしたり確認したりすることができるわけではないほど、もみくちゃになり、停滞し、地下にもぐって進行していきます。したがって、潜在してすすむこの前史の、いくつかのもっとも重要なモメントを解明するきわめて期待のもてる方法となるのは、こうした諸過程の実験研究なのです。これらの現象を研究するために、私たちは何よりもまず、こうした現象をひきおこし、つくりだして、その後で、それらがどのように進行し形成されるのかを検討しなければなりません。書き方の発達の歴史は、子どもに最初の視覚記号が発生するときから始まります。

書きことばの前史としての身ぶり

まさしく身ぶりは、未来の樫がすでに種子のなかにあるように、子どもの未来の書き方がそこに含まれているような、原初的な視覚記号なのです。身ぶりは、正しく言うなら、空気中の文字ですが、文字記号はまったくしばしば、たんに固定された身ぶりなのです。

●身ぶりの定着としての絵文字

ヴァートは、人類史における絵文字や象形文字の発達にかんして、それらの身ぶりとの関連を示しています。まったくしばしば、表現的身ぶりは何らかの線画記号をたんに再現したものであり、しばしばその反対に、記号そのものが身ぶりを定着させ固定させたものである、と彼は指摘しています。たとえば、インディアンの絵文字はいつも、手か人さし指の動きが指示する点を結んだ線の代理なのです。象形文字に含められた指示的な線はあたかも、固定された人さし指の動きを意味するかのようです。絵文字におけるこれらすべてのシンボリックな表示は、それらがのちに身ぶりから分離し、自立的に存在するようになったものであるなら、身ぶり言語からシンボリックな表示を導き出すことによって説明されうるものである、とヴァートは述べています。

●身ぶりとしてのなぐりがき

さて、発生的に身ぶりを文字記号と結びつける、さらに二つのモメントを指摘したいと思います。第一のモメントは、子どもの行うなぐりがきにあります。私たちは実験のときに何度もこれを観察する機会がありましたが、子どもは描くときに、彼が絵で表現するはずのことを身ぶりで表現しながら、まったく頻繁にドラマ化に移りますが、鉛筆によって残された痕跡は、こうした身ぶりによる表現への補足にすぎません。あらゆる心理学文献のなかで、私たちはこうしたことと結びついた事例をひとつだけ知っていますが、私たち自身、同じような身ぶりによる表現をおびただしく観察する機会があり、心理学文献でのこうした観察の貧しさは、発生的な面でこの最高度に重要な点への注意が欠如していたことによって説明されると考えられます。

たとえば、この点についてビューラーは、シュテルンは身ぶりと身ぶりの支えとしての描画との明白な類縁性を示す唯一の著しく重要な観察を行った、と述べています。ある四歳の男児の場合には、明らかに、しばしば手の動きそれ自体に表現の意義が付与されました。これは、ひっかいた跡が普通のへたくそな描画と交替してから数か月後には、すでに存在していました。たとえば、蚊の針は、あたかもチクチク刺すような手の動きのように、鉛筆の先でシンボル化されました。ほかの時に、この子どもは、カーテンを閉めると暗闇ができることを絵で示したいと思い、まるで窓のブラインドを下すかのように、黒板のうえで上から下へとエネルギッシュな線を引きました。ここには不可解なことはないでしょう。この描画的動作はひもを意味するのではなく、まさしくカーテンをくまなく引きおろす動作を意味するにちがいないのです。

同じような観察を、私たちは大量にあげることができるでしょう。走りを表現しなければならない子どもは、この動作を指で表現しはじめ、そのときに紙の上についた個々の小さな線と点を、彼は走りの表現と見なします。彼は跳びはねる表現に移ると、彼の手は跳びはねを表現する動作をはじめ、紙には同じものが残ります。私たちは概して子どもの最初の絵、あらゆるなぐりがきを、本来の意味での描画というよりはむしろ身ぶりであると考えたいと思います。こうした現象に、私たちは実験で点検されたつぎのような事実を加えたいと思います。その事実とは、子どもは複雑な対象を描くとき、それらの部分ではなく、丸みなどの印象のような、それらに共通する性質を表現する、というものです。子どもが円筒形のビンを円に似た、閉じた曲線の形で描くとき、まさにこれによって彼はあたかも何か丸いものを表現しているかのようであり、子どもの発達のこの相は、この年齢期の子どもを特徴づけるような、またバクシンスキーの研究が示したごとく、子どもの最初の絵のスタイルと性格のすべてを規定する、心理の一般運動的志向に合致しています。子どもはいくらか複雑な、あるいは抽象的な概念を表現するときも、同じようにふるまいます。彼は描かずに、指し示しますが、彼の鉛筆はその指示的身ぶりを定着させているだけなのです。こうした子どもは、良い天気を描くようにとの提案に対して、「これは土だよ」と説明しながら、紙の下の方に地平線のような手の動きを示し、そのあと一連の絡みあった細線のような上からの動きをして、「で、これが良い天気だよ」と説明します。私たちは、身ぶりの表現と絵の表現の類縁性を実験において照合することができ、五歳の子どものなかに、身ぶりを通したシンボリックな線画表現を得たのでした。

●身ぶりとしての遊び

身ぶりと書きことばのあいだの発生的連関を形成する第二のモメントは、私たちを子どもの遊びへと導きます。よく知られているように、遊びのなかで子どもには、ある対象はきわめて容易に別の対象を意味し、その代理をして、その記号になります。やはり明らかなことですが、この場合、オモチャとそれが意味する対象とのあいだに存在する類似性は重要ではなく、もっとも重要であるのは、オモチャの機能的使用、オモチャによって表現的身ぶりを行う可能性なのです。私たちの意見では、この点にこそ、子どもの遊びのあらゆるシンボル機能を説明する鍵があります。布切れの小さなかたまりや木片が遊びのなかで小さな子どもになるのは、それらが、小さな子どもの手を引いたり、食事をさせたりすることを表現する身ぶりを可能にするからです。子ども自身の動き、自分自身の身ぶりが、しかるべき対象に記号機能を付与し、対象に意味を与えるのです。あらゆるシンボリックな表現活動は、こうした指示する身ぶりに満ちています。たとえば、棒切れは子どもには乗馬の馬になりますが、それは、棒切れは足のあいだにはさむことができ、この場合、棒切れが馬を意味することを子どもに指示する身ぶりを、棒切れに適用できるからなのです。

こうして、子どものシンボリックな遊びは、この観点からすれば、個々のオモチャの意義を付与し指示する身ぶりの助けによる、ことばのきわめて複雑なシステムと理解されうるものであり、こうした指示的身ぶりにもとづいてのみ、最初は身ぶりによって支えられる描画と同じように、オモチャはしだいにその意義を獲得し、自立的記号になっていきます。この観点からのみ、今日まだしかるべく理論的に説明されていない二つの事実を科学的に説明することができるのです。

第一の事実は、遊びのなかで子どもには、あらゆるものがあらゆるものになりうる、という点にあります。これは、つぎのように説明できます。すなわち、客体それ自身が記号の機能・意義を獲得するのは、客体にそうした機能・意義を与える身ぶりのおかげであり、ここから、意義は客体にあるのではなく身ぶりにある、ということがわかります。したがって、この場合、まさしくどのような客体が存在するかは、相対的にはどうでもよいことになります。客体は、しかるべきシンボリックな身ぶりが適用される支点であるにすぎないのでありましょう。

第二のものは、四〜五歳の子どもの遊びにはすでにきわめて早くから、ことばによる約束的表示が登場する点にあります。子どもたちはお互いに、「これがボクらのおウチで、これはお皿だよ」等々と約束しますが、おおよそこの年齢期に、各々の個別的な動作・対象・ふるまいの意味を解釈し、説明し、一般化する、きわめて豊かなことばの結合が発生します。子どもは身ぶりをするのみならず談話をも行い、自分で遊びを説明し、相互に結合し、結集し、ひとつの全体を組織しますが、幻想的な遊びの原初形態は実際のところ原初的な身ぶり、記号の助けによることばにほかならないという考えを、子どもはあたかも眼に見える形で確証するかのようです。私たちはすでに、遊びのなかに、記号や身ぶりとして対象の解放をもたらすモメントを発見しています。長く使用されるおかげで、身ぶりの意義は対象に移行し、対象は、遊んでいないときでさえ、しかるべき身ぶりもなしに、一定の対象や関係を表現しはじめます。

遊びの実験研究より

●身ぶりの助けによる遊び

私たちは実験的方法によって、こうした、子どもにおける対象的文字の独特な段階を確証しようとしました。私たちは遊びの形で実験を行いましたが、この遊びでは、子どもたちにはおなじみの個々の対象が約束的に、また冗談めいて、遊びに参加する対象や人を表示しはじめました。たとえば、側に置かれた本は家を、鍵は子どもたちを、鉛筆はお手伝いさんを、時計は薬局を、ナイフはお医者さんを、インク瓶のふたは馬車を、等々という具合に。さらに子どもたちには、表現的身ぶりの助けによって、これらの対象のなかに何らかの複雑ではないお話が示されますが、彼らはこれをごく簡単に読みとります。たとえば、お医者さんが馬車で家に行き、ドアをたたくと、お手伝いさんが彼に戸をあけ、彼は子どもたちを診察して、処方箋を書いて出ていくと、お手伝いさんは薬局に行って、戻り、子どもたちに薬をあげる。大多数の三歳児はこうしたシンボリックなメモをまったく容易に読みとります。四~五歳児はより複雑なメモも読みとります。すなわち、人間が森を散歩していると、オオカミが彼に襲いかかり、彼は疾走して助かるが、医者は彼を助け、彼は薬局に行き、そして家に戻る。猟師がオオカミをやっつけに森に派遣される。この場合に注目すべきは、こうしたシンボリックな対象的メモを理解するときに、対象の類似性はまったく目立った役割をはたしていない、という事情です。事柄のすべては、これらの対象がしかるべき身ぶりを可能にし、身ぶりを適用する支点になる、という点にこそあります。したがって、こうした身ぶりの構造に明らかに関わりのない事物は、まったく頑強に子どもによって拒絶されるのです。たとえば、テーブルに着席して行われ、勉強机の上にある小さな事物が加わるような遊びでは、私たちが子どもの指をとり、本の上において、「この指は冗談で、子どもたちだよ」と言うとき、彼は頑として拒絶します。彼は、こんな遊びはない、と反駁します。しかるべき指示的身ぶりのための客体になるには、指は彼にとって自分自身の身体とあまりにも結びついています。部屋にある戸棚とまったく同じように、そばにいる者は誰であっても、この遊びには参加できないのです。対象それ自体が代理機能をはたします。つまり約束によって鉛筆はお手伝いさんの代理をし、時計は薬局の代理をしますが、これらに関わる身ぶりだけが、これらに意味を付与します。実際に、こうした指示的身ぶりの影響のもとで年長の年齢期の子どもの場合には、対象そのものが、それによって表示される事物の代理をするばかりか、その事物を指示するような傾向さえあらわしますが、このときに、最初の著しく重要な子どもの発見が起こります。たとえば、私たちが黒っぽいカバーのついた本を置いて、これは森だよ、と言うと、子ども自身が自分から「そうそう、これは森だ。だって黒くて暗いから」とつけ加えます。こうして、彼は、自分にとってこの本は森を意味しなければならないことを指示するものとなる、対象の指標のひとつを析出します。まったく同じように、金属のふたが馬車を意味するとき、子どもは指でさして、「ほら、ここが座席だよ」といいます。時計が薬局を表示しなければならないとき、ある子どもは文字盤の数字をさして「これが薬局にある薬だ」といい、他の子どもは鎖をさして「これが車寄せで、これが薬局の入口」といいます。遊びではオオカミ役であるビンをさしながら、子どもはビンの首をさして「これがオオカミののどだよ」といいます。実験者がコルクをさして「これは、なに？」ときいた質問に対して、子どもは「オオカミがコルクをつかまえて、歯でくわえているん

●遊びにおける記号の自立化

だ」と答えます。これらすべての事例のなかには同一のものが見られます。すなわち、事物の日常的構造があたかも、事物が獲得した新しい意義の影響のもとで変更されているかのようであることです。時計が薬局を表示するという影響のもとで、時計からひとつの特徴が析出され、その特徴が、新しい記号の機能や、どのようなやり方で時計が薬や入口のドアを通して薬局を表示するのかという指示を担うことになります。事物の日常的な構造（ビンをふさぐコルク）は新しい構造（オオカミがコルクを歯でくわえる）のなかで表現されはじめますが、こうした構造の変化は、一連の実験で、私たちが子どもに対象の定まったシンボリックな意義を育てることができるほどに強力になります。私たちの場合には、すべての遊びのなかで時計は薬局を意味しましたが、それとともに、他の対象はすばやく、頻繁にその意義を変更しました。新しい遊びに移るとき、私たちは同じ時計を置き、行為の新しい進行にそって、「ほら、これがパン屋だよ」と宣言します。子どもたちは今や、時計の上にペンのへりを置き、時計を二つに分けて、その半分をさしながら、「いいよ。ほら、ここが薬局で、ここがパン屋だよ」といいます。このようにして、古い意義は自立的な意義を獲得したのですが、新しい意義のための手段にもなっています。この自立的意義の獲得を、私たちは遊びの外でも確認することができました。すなわち、ナイフが落ちると、子どもは「お医者さんが落ちちゃった」と叫びます。このように記号は、もはや子どもの身ぶりに依存しない自立的・客観的発達をとげますが、この遊びのなかに私たちが見いだすのは、こうして、子どもの書きことばの発達の第二の大時代なのです。しかし、上述したように、描画も同じ状態にあります。ここでは、私たちは、子どもの書きことばは第二段階のシンボリズムとして、ただちに発生するわけではないことを見いだします。原初的には、ここでも、書きことばは第一段階のシンボリズムとして発生し、自然的な経路にそって発生します。すでに述べたことですが、原初的な絵は、鉛筆を握る手の身ぶりから発生しますが、ここでは絵は、表現が何かの対象を自立的に意味しはじめることに行きつきます。こうした関係は、すでに描かれた線がしかるべき名前を得ることにあります。

●描画と命名

クレッチは、子どもの線画の発達過程には、描いたときの一時的な命名がしだいに前方にすすむこと、すなわち、描いたあとでの命名から、描くと同時の命名へ、最後には、それは描く前の別種の命名になることに注意を払っています。そして彼は、これは、最初に宣言して何かあるものを描こうという企図は、描かれた形態の、描いたあとでの命名から発達する、とつけ加えています。これはきわめて興味深いことですが、なぜなら、いかにして先回りすることばが枠を構成し、重要な精神的過程のための手段になるかが示されているからである、とビューラーは述べています。

●遊びにおけるシンボル機能

ヘッツェルは、学齢期の子どもが書き方の教授・学習にとって、心理的な面でどれほど成熟しているかを研究しようと思い、はじめてこの問題をあらゆる広がりにおいて実験的に設定しました。つまり、彼女は、書き方の教授・学習のさいの成熟にとってかくも重要である、事物をシンボリックに表現する機能が子どものなかでどのように発達するのかを研究しようとしたのです。このために彼女は、三歳から六歳までの子どもにおけるシンボル機能の発達を実験的に解明しようとしました。彼女の実験は四つの基本シリーズを含むものでした。第一シリーズでは、子どもの遊びにおけるシンボル機能が研究されました。子どもは遊びによって父か母を表現し、彼らが一日のあいだにすることを行わなければなりませんでした。この遊びの過程で、遊びの領域にひきいれられた、与えられた対象について幻想的解釈が発生し、彼女は、遊びのなかで事物に付与されたシンボル機能を追跡することができたのです。第二と第三のシリーズでは、このような表現が、組み立て素材と色鉛筆での描画とから企画されました。そのさい、この二つの実験では、クレッチの場合と同じく、しかるべき意義の命名のモメントに格別の注意が払われました。そして最後の第四シリーズでは郵便屋さん遊びの形態で、子どもは諸記号の純粋に約束的な結合をどれほど知覚できるかが研究されました。なぜなら、遊びではさまざまな色で飾られたコーナーが、郵便配達人の配達する多様な種類の手紙——電報、新聞、郵便振替、小包、手紙、葉書など——の記号となったためでした。

こうして実験研究は、その各々においてシンボル機能が参加することによってのみ結合されるこれらすべての異なる種類の活動を、ひとつの系列に明確に配置して、私たちが研究で行ったように、これらすべての種類の活動を書きことばの発達との発生的連関のなかに配置することが試みられました。

ヘッツェルの研究では、遊びのなかでどのようなシンボル的意義が表現的身ぶりやことばの助けによって発生するかを、著しく明瞭に追跡することができます。これらの遊びでは、子どもの自己中心的ことばが広範にあらわれました。ある子どもたちの場合には、すべてが動作と表情の助けによって表現され、ことばはシンボリックな手段としてまったく使われていませんが、他の子どもたちの場合には、ことばが行為に随伴しています。すなわち、子どもは話をしながら行為しているのです。第三のグループでは、いかなる行為にも支えられていない、純粋に言葉による表現が支配しはじめています。最後に、第四のグループの子どもたちは、ほとんどまったく遊ばず、ことばが唯一の表現手段になりましたが、それと同時に、表情と身ぶりが後方に退きました。年とともにしだいに、純粋な遊び的行為の割合は減少し、しだいにことばの優位性が増大しはじめます。この発生的研究からもっとも本質的な結論となるものは、著者が述べるように、三歳児と六歳児のあいだの遊びにおける差異はシンボルの知覚にではなく、表現のさまざまな形態を使用するその様式にあることです。

私たちの見るところでは、これがもっとも重要な結論であり、それは事の本質として、遊びやより初期の段階でのシンボリックな表現の本質は、書きことばに直接的につながることばの独特な形態であることを示しています。

発達に応じて、命名のもっとも一般的な法則は過程の形成のはじまりへと、ますます前に移され、こうして、この過程そのものは命名された語だけを記録するという性格をおびます。三歳児でもすでに組み立ての表現機能を理解し、四歳児は組み立てはじめるまでにすでに、自分のつくったものを命名します。描画の場合も同様であり、三歳児はまだ絵のシンボリックな意義を理解しませんが、七歳になるまでにすべての子どもがこのシンボリックな意義を完全に獲得することがわかります。実際、子どもの絵の先ほどの分析がすでに疑いもなく、心理学的観点からすれば、子どもの絵を子どもの独特なことばと見なさなければならないことを示しています。

独特なことばとしての描画

●記憶にもとづく描画

子どもは明らかに、最初は記憶にもとづいて描きます。もし子どもに、向かい側にすわっている母親か自分の前にある対象を描くように言うなら、彼は一度もオリジナルを見ることもせず、記憶にもとづいて、彼が見ているものではなく、知っているものを描きます。このことに対する他の証明は、子どもの描き方が、自分の絵が対象の現実的知覚を考慮に入れていないばかりか、それと直接的に対立するものであることに見られます。たとえば、ビューラーが「レントゲン画」と名づけたものが、子どもに発生します。子どもは服を着た人を描きますが、そのときに、その人の足、腹、ポケットにある財布、そして財布のなかのお金さえ、つまり、自分が知っているものを、この表現では見えるはずのないものをも描いています。横顔の人を描くとき、子どもはこの人にふたつめの眼をつけたり、横向きの騎手にふたつめの足を描いたりします。最後に、たとえば、子どもが首と胴を脱落させて、表現される人の足が頭から直接にのびているのを描くときの、表現される対象のきわめて重要な部分の脱落、また絵の個々の諸部分の組み合わせ——こうしたすべてが示しているのは、ビューラーが述べるように、子どもはことばの様式にもとづいて描いていることです。これは、子どもの絵を彼の書きことばの発達における予備的段階と見なす権利を与えてくれます。子どもの絵はその心理学的機能から言って、独特な描線によることばであり、何かについての描線によるお話なのです。子どもの絵の技術が疑いもなく示していることですが、この絵はまさしく描線によるお話であり、つまり子どもの独特な書きことばです。したがって、子どもの絵そのものは、ビューラーの言うところによれば、表現であるよりは、むしろことばなのです。

ショーリが指摘したように、子どもは表現しようとは思っておらず、彼はナチュラリストであるよりは、はるかにシンボリストであり、完全で正確な類似性についていささかも心をくだくこともなく、表面的に指し示すことそのものだけを求めています。子どもは彼が描く以上には人間を知らない、と仮定することはできません。子どもが求めているのは、絵が、表象するよりはむしろ命名し指し示すものであることです。

語による話しことばがすでに大きな成功をおさめて習慣的な事柄になったときに、子どもには描画が始まる、とビューラーは正しく指摘しています。そしてさらに、ことばは概して精神生活の大きな部分を支配し、その法則によってこの部分を形成する、と彼は述べています。こうした部分に描画も属していますが、この描画について、現代の平均的な文化的人間の描線による表現する能力が書くという形をとっている以上、描画は最後にはふたたびことばに吸収されていく、と肯定的にいうことができます。子どもの記憶の素材はこのとき、表象された像のたんなる表現ではなく、その大部分はことばによって具象化されたものから、あるいは、ことばによって具象化されうる見解の素地からできています。子どもが描きながら自分の記憶のあらゆる宝物を取り出すとき、これはことばの様式で行われ、話しながら行われている、と考えられます。この様式のもっとも主要な特色であるのは、語によるあらゆる表現がその本性において必然的に余儀なくされるところの明らかな抽象性です。したがって、描画は語によることばをもとに発生する描線のことばである、と考えられます。最初の子どもの絵を特徴づける図式は、この意味では、対象の本質的特徴だけを伝える語による概念に似ているのです。

●第一段階のシンボリズムとしての描画

しかし、ことばのこの段階の特徴的な特色となるものは、書きことばとは違って、これはまだ第一段階のシンボリズムであることです。子どもが表現するのは、語ではなく、対象とこの対象の表象です。

しかし子どもにおける描画の発達それ自体は何か自明なものでも、機械的に発生するものでもありません。ここにあるのは、紙の上にたんに線を引くことから、何かを表現する記号、あるいは指示する記号として鉛筆の跡を利用することへの移行における危機的モメントなのです。ビューラーが述べるように、ここでは、自分の引いた線が何かを意味しうるという子どもの発見が生じなければならないことに、あらゆる心理学者は同意します。この発見のことをショーリは、描くときにあらゆる意味や意義もなく偶然にらせん型の線をかき、突然そのなかに一定の類似性をとらえて、「煙だ、煙だ!」とうれしそうに叫ぶ、そういった子どもを事例にして明らかにしています。

大多数の心理学者は、これはこうした発見のためのノーマルな経路であり、子どもはすでに彼が描いた形のなかに何かの対象との類似性を発見し、ここから彼の描画は記号の機能を獲得する、と考えています。この事柄はいくぶん別なように起こるのであって、子どもは、絵が何かを表現しうることに一連の事情によって出会うのである、と仮定することができます。たとえば、子どもの場合はたいてい、他者による絵のなかの諸事物を識別することが通例、自分自身の描画に先行します。しかし、絵に描かれたものを識別するこの過程は幼児前期に存在するとはいえ、観察が示したように、やはりシンボル機能の最初の発見ではありません。最初に子どもは絵のなかの類似性を識別するとしても、その絵をそれに似た、あるいは同種の対象ととらえますが、絵をこの対象の表現またはシンボルとはとらえません。

自分の人形の絵を見せられた女児が「これ［自分の人形］みたいな、お人形だ」と驚きの声をあげるとき、彼女は自分の人形と同じような、もうひとつの対象を念頭においていたと言うことができます。ヘッツェルが述べていることですが、どのひとつの観察からも、対象の獲得とは同時に絵が描いているものの理解であると見なすことはできません。この女児にとって、ここでの絵は人形の表現ではなく、その人形と同じようなもうひとつの人形なのです。このことの証明となるものは、この子は十分に長いあいだ、対象に対するように絵にかかわっていることです。たとえば、ケーラーの観察には、この女児の場合、彼女が緑を背景に自分が描いた線や色を紙から取ろうとした事例などがあります。私自身が注意を向けたのは、すでに自分の絵を命名し他者の絵でも正しく定義するような、より年上の年齢期の子どもでもまだ、事物に対するような絵への態度を長いあいだ保持することでした。たとえば、絵のなかに見る者に背をむけた子どもが描かれているとき、子どもは顔を見るために、紙を裏側にひっくりかえします。五歳の子どもの場合でさえ、「顔はどこにあるの？彼の鼻はどこ？」の質問に、子どもは絵を裏側にひっくりかえし、その

●シンボリックな表現の基礎にあることば

あとでやっと「顔はないよ、描かれていない」と答えるということが、たえず観察されました。

つぎのように主張するヘッツェルには大いに根拠がある、と考えられます。すなわち彼女は、第一次的なシンボリックな表現はまさしくことばに関係づけるべきであり、ことばを基礎にすればすでに、記号の残りのすべてのシンボリックな意義がつくりだされることになる、と主張しているのです。実際のところ、子どもの描画において、その始まりへとますます戻っていく命名のモメントもまた、子どもの絵がことばの影響のいかに強力な圧力のもとで発達するかを、まったく明瞭に物語っています。もうすぐ絵は本当の書きことばに転化しますが、私たちには、多かれ少なかれ複雑な何らかのフレーズを記号で表現する課題を子どもたちに与えて、書きことばを実験的に観察する機会がありました。私たちがすでに述べたことですが、その場合、広げた手や人さし指の身ぶり、あるいはそれらの代理をする線が絵のなかに観察されたのであり、こうして、私たちは語の形象機能と指示機能を分別することができたのです。

しかし、この実験でもっとも明瞭に姿をあらわしたものは、純粋な絵文字から表意文字に、つまり抽象的なシンボル記号によって個々の関係や意義を表現することに移行しようとする傾向を学齢児がもつことでした。こうした文字に対することばの優位性は、ある学齢児のメモのなかに観察されます。すなわち、この子はあるフレーズのひとつひとつの語を個々の絵でメモしているのです。たとえば、「私はヒツジたちを見ていないが、ヒツジたちはむこうにいる」というフレーズは、つぎのようにメモされます。人間の絵（私）、眼に包帯をした人間（見ていない）、二匹のヒツジ（ヒツジたち）、指さしする指といくらかの木、そのうしろにはヒツジが見える（ヒツジはむこうにいる）。あるいは「私は君を尊敬します」というフレーズは、つぎのように伝えられています。頭（私）、もうひとつの頭（君を）、ふたりの人間、そのうちのひとりは手に帽子をもっている（尊敬します）。

こうして私たちは、絵がフレーズにいかに従順に従っているか、話しことばがいかに子どもの絵のなかに深くしみこんでいるかを見いだします。こうした表現にあたり、子どもたちはしばしば真の発見をおこない、しかるべき表現方法を発明しなければなりませんが、私たちは実際に、これは子どもの文字と絵の発達において決定的なものであることを、事実にもとづいて確信することができるでしょう。

こうした文字の自然発生的なあらわれを観察して、シュテルンは、この発達がどのように生まれ、子どもの書き方のあらゆる過程がどのようにすすんでいくのかを示す一連の事例をあげています。たとえば、自発的に書くことをおぼえた子どもは、ページの左下から右へ書き、新しい行は上に積み重ねる等々のことをします。ルリヤは私たちの共同研究に関連して、書き方を系統的に研究することができるように、文字のシンボル性の発見というモメントを実験的にひきおこして追跡するという目的が与えられました。この研究が示したことですが、子どもにおける書き方の歴史は、教師がはじめて子どもの手に鉛筆を持たせ、文字をどのように書かなければいけないかを示すときよりも、はるか以前に始まります。もし子どもの書き方のこの前史を知らないとすれば、どのように子どもは文化的行動のきわめて複雑な手法である書きことばをすばやく獲得するのかは、私たちには理解できなくなるでしょう。また私たちには次のことが明らかになるでしょう。すなわち、こうしたことが起こるのは、子どもを書き方の過程のすぐ近くにまで導き、また、記録の考えと技術の獲得を準備して彼にとってそれを信じられぬほど容易にする一連の手法を、子どもが発達の最初の何年かで習得する、という条件があるからなのです。ルリヤはその実験のなかで、まだ書くことのできない子どもを、いくぶん原始的なメモをするという課題が彼に対して生じるような状況の

●原始的なメモ

なかに置きました。一定の数のフレーズを記憶するという課題が子どもに与えられたのです。普通、この数は、子どもの機械的な記憶能力よりも著しく上回るもので、子どもが記憶できないと確信したときに、彼に紙がわたされ、自分に言われた語をなんとかして印をつけるとか、メモをとるように提案されました。

しばしば子どもはこの提案に当惑して、書くことができないと表明しましたが、なんとか思いつくよ、このことでは鉛筆と紙が助けになるよと、粘り強く子どもに提案されました。こうして、この研究者自身が、一定の手法を子どもの手にわたして、どれほど子どもはこの手法を獲得することができるのか、どれほど鉛筆の線は子どもにとってたんなるオモチャであることをやめ、しかるべき表示を記憶するための記号になるのかを吟味しました。この手法は、ケーラーがしばしばサルを相手に行ったものと似ていますが、ケーラーの実験では、サルの方から棒をとる能力が期待できないとき、彼は、棒を道具として使用しなければならないような状況にサルを置き、サルの手に棒をわたし、彼自身、これから何が生まれるのかを見守ったのです。実験が示したように、三〜四歳の小さな子どもたちはまだ、手段として書くことにかかわることができません。彼らはしばしば、与えられたフレーズを機械的に記録するだけで、ときには聞くよりも前に、自ら書いて記録しているのです。

この段階では、子どものメモは、与えられたフレーズを記憶するのにまったく助けになりません。彼は思いだすときに、まったく自分のメモを見ないのですが、事態が突然、本質的に変化しはじめることを確信するためには、この実験は継続するに値します。私たちの資料のなかには、上述したすべてのことと鋭く分岐する、一見して驚くべき事例がときとして見られます。子どもはやはり無意味に、分化させずにメモをとり、まったく重要な意味もないグルグルや線をつけますが、彼がフレーズを再現するとき、完全にきまった線を指さしながら、彼がフレーズを読んでいるような印象がつくられ、そして間違いなく何度も順序よく、どの線がどのフレーズをあらわしているかを示します。子どもには、自分の線に対するまったく新しい関係と、自分を励ます運動的活動が発生し、それらははじめて記憶術的記号に転化したのでした。一定のフレーズを各線と結びつけるように、紙の個々の部分に個々の線をつけることは、こうした事例になりえます。独特な地形学が生まれます。隅にあるひとつの線の印は雌牛を意味し、紙の上方にある別の印は煙突掃除人を意味する、という具合に。こうして線は、記憶などのための原始的な指示的記号となります。

私たちは完全な根拠をもって、こうした記憶術的段階のなかに将来の書き方の最初の前兆を見ることができます。子どもはしだいに、この分化されていない線を変化させていきます。細線やグルグルをシンボル化させる指示的記号は人物画や絵と交替し、そして、これらの絵は記号に席を譲ります。実験は、発見のモメントそのものを記述することを可能にしたばかりか、このモメントが一定の諸要因に依存して、どのように進行するのかを追跡することも可能にしました。さまざまな表象や像が完全に同じ線とグルグルであらわされるとき、まさしく与えられたフレーズに含まれる量と形態ははじめて、メモのもっていた無意味で、何もあらわさないような性格を打ちこわすのです。

提案される素材に量を導入しても、四〜五歳児の場合でさえ、こうした量をあらわすメモを十分容易によびおこすことができます。量をメモする必要性は初めて文字を生みだしました。まったく同じように、色や形の導入も、子どもが文字のメカニズを発見するうえで、そのような指導的役割を演じます。たとえば、「ほら、煙突から黒い黒い煙が出ています」や、「冬には白い雪がよく降ります」や、「長いしっぽのネズミ」

や、「リャーリャにはふたつの眼とひとつ鼻があります」といったフレーズは、子どもが、指示的身ぶりの役割をはたす文字から、すでに素地として表現を含む文字へと移行することを、きわめて急速にもたらします。ここから子どもは直接に絵に移行しますが、私たちはこうして、象形文字に直接に移行することになります。象形文字は子どもにことに容易に発達しますが、それは、私たちが見てきたように、子どもの絵は本質的に描線による独特な文字であるためです。しかし、この場合、実験が示すように、たえず紛糾が生じます。手段としての絵はまだきわめて頻繁に、自足的な直接的過程としての絵と混合しています。

このことは遅れた子どもたちの場合にとくに容易に観察されますが、彼らは与えられたフレーズのスケッチから連想的に、自立的な描画に移ってしまいます。子どもはメモをするかわりに、絵を描きはじめるのです。こうした象形文字から、子どもはしだいに、絵が直接にフレーズの内容を伝えないという事例として、表意文字に移行していきます。実験が示したように、この場合に子どもは逆の経路を歩んでいます。つまり、子どもは表現するのが困難な全体のかわりに、表現しやすい部分や図式を描きますが、しばしば反対に、全体を表現するためにより独自的な経路をつくりだし、そのフレーズが含まれる状況をくまなく再現したりします。

すでに上で述べたことですが、私たちの実験が示したように、シンボル的文字への移行は簡単にスケッチされた身ぶりや、この身ぶりを表示する一連の線があらわれてくることを特徴としています。書くことはできないが文字をすでに知っている子どもがどのように書くのかを研究したとき、私たちが見いだしたのは、子どもは、いま記述したのと同じ形態を通過することです。書き方の発達は、何らかのひとつの手法がたえず改良されていくことにあるだけではなく、ある手法から他の手法への移行を特徴づける鋭い飛躍のなかにもあります。文字を書くことはできるが自分のために書き方のメカニズムをまだ発見していない子どもは、個々の文字を部分に分けながらも、あとで諸部分を再現することができずに、まだやはり分化させずに筆記しているのです。

文字を知っていて、文字の助けで、語のなかの個々の音声を取りだす子どもも、まだけっして、すぐには書き方のメカニズムを完全に獲得するにはいたらないことを、実験は示しました。しかし、私たちが述べたことのすべてのなかには、書きことばへの真の移行を特徴づけるもっとも重要なモメントがまだ不足しています。容易に気づくことですが、ここではどこでも、書かれた記号は対象や行為を直接的に意味する第一レベルのシンボルであり、子どもはこの段階では、語の口頭によるシンボルのために書かれた記号がつくられるといった、第二レベルのシンボリズムにまでは達していません。

そのためには、まさしく事物のみならずことばも描くことができるという基本的な発見をすることが子どもには必要です。この発見こそ、語と文字によって書くという天才的方法へと人類を導きました。それは子どもを文字で書くことへと導くものであり、児童学的観点からすれば、事物の描画からことばの描画への移行として打ち建てられなければならないものです。しかし、この移行がどのようになされるのかを追跡することは困難ですが、それは、それに対応する研究がまだ一定の結論に達していないことや、一般にとりいれられている書き方の教授・学習方法もこの移行を観察することを可能にしないからなのです。事物の描画からことばの描画への移行というこの経路によって、子どもの書きことばが発達することだけは、疑いをいれません。書き方の教授・学習の多様な方法は、これを異なる形で行っています。その多くは文字シンボルと口頭シンボルを結びつける手段として補助的な身ぶりを利用し、他の方法はしかるべき対象

●ことばそのものの描写

●書きことばの発達のモメントとしての遊び・描画・書き方

を表現する絵を利用していますが、書きことばの教授・学習のあらゆる秘密は、しかるべき形でこの自然的移行を準備し、組織することにあります。この移行が実現されるやいなや、子どもはもう書きことばのメカニズムを獲得し、彼には今後、この手法を完成させることだけが残されることになります。

心理学的知識の現在の状況のもとでは、幻想的遊び・描画・書き方という、私たちが検討したあらゆる段階は本質的には、書きことばの発達のひとつの過程のさまざまなモメントととらえられうるという考えは、多くの者には最高度にぎこちないものと映るであろうと思われます。これらの個々のモメントの連関が十分に眼に見えて、あざやかとなるためには、ある手法から他のそれへの移行における切断と飛躍はあまりにも大きいものです。しかし、実験と心理学的分析は、まさしくこうした結論をもたらし、つぎのことを示しています。すなわち、書きことばの発達過程そのものがどんなに複雑に見えようと、また表面的な見解にはこの過程がどんなにジグザグで、切れぎれで、もつれたものに思われようとも、実際、私たちの前にあるのは、きわめて高次な形態の書きことばへと進んでいく書き方の歴史のひとつの路線なのです。ついでに触れますが、この高次の形態とは、書きことばが第二レベルのシンボリズムから、ふたたび第一レベルのシンボリズムになる、という点にあります。原初的な文字シンボルは、語によるシンボルの表示に役だちます。書きことばの理解は話しことばを通して行われますが、この経路はしだいに短縮され、話しことばの姿をとった中間部分が消えていき、あらゆることから判断すれば、書きことばは、話しことばとまったく同じようにとらえられる直接的シンボリズムになるのです。文字を発見するときに子どもがいかなる決定的なモメントを体験するかを理解するためには、書きことばの獲得のおかげで、読むことができるおかげで、したがって、書かれた言葉の領域で人間的天才たちが創造したすべてのことと経験によっしく思い浮かべるべきなのです。

読み方の発達と書きことば

●黙読と朗読におけることばの理解

私たちにはいまや、高次の形態の書きことばの発達におけるひとつのモメントが重要になります。これは黙読と朗読にかんする問題です。読み方の研究が示したことですが、朗読を発達させた古い学校とは違って、黙読は社会的にももっと重要な形態の書きことばであり、さらに二つの本格的な優位性をもっています。すでに一年生の終わりごろから、文にたいする集中度でみれば、静かな読みは大声の読みを追いこしています。したがって、声による運動と文字の知覚との過程そのものが、黙読のもとで容易になり、運動の性格はよりリズミカルになり、声の逆運動はあまり見られなくなりますが、視覚的シンボルの音声化は語を読むことをむつかしくし、ことばによる反応が知覚を緩慢にし、知覚をしばりつけて注意を分散してしまいます。しかし、読みの過程そのものばかりか、いかに不思議であろうと、理解もまた、静かな読みの場合には高まることがわかります。読みの速度と理解のあいだに一定の相関があることを、研究は示しました。普通は逆に、ゆっくり読んだ方が理解がよいと考えられますが、つぎのような命題は心理学的には完全に受けいれることができるものです。すなわち、私たちはいま、速く読んだ方が理解がよりよくすすむことをあげましたが、それは、異なる諸過程は異なる速度で遂行され、理解の速度そのものは、より早い読みのテンポに照応するからである、という命題です。なぜ朗読は理解をむつかしくするのかについては、私たちは、読んでいるときに視覚—音声の間《ま》——眼が先にすすみ声にシグナルを送る間——が形成されるからである、と考えます。

もし私たちが読んでいるとき、眼が留まっている個所と、その瞬間に発音されている音声とを記録すれば、この視覚―音声の間が得られます。研究が示していますが、この視覚―音声の間はしだいに増大し、良い読み手には大きな視覚―音声の間があり、読みの緩慢さはこの間の狭さに依存し、読みの速度とこの間は一緒に増大していきます。こうして、私たちは、視覚シンボルはますます口頭シンボルから解放されることを見いだしますが、学齢期はまさに内言形成の年齢期であることを想起するなら、黙読や独り言のような静かな読みのなかに、内言を知覚するいかに強力な手段が存在するかが、明らかになるでしょう。

残念なことに、読み方にかかわる実験研究はやはり今まで、きわめて複雑な秩序をもった心理過程としてではなく、複雑な感覚運動的習熟として、読み方を研究してきました。しかし、ここでも実験研究は、読みの集中度、つまり読みのメカニズムそのものは資料の種類に依存していることを示しました。視覚的メカニズムの作業はある程度まで、理解の過程に従属しています。読むときの理解とは、どのように考えるべきでしょうか。私たちはいまは、この問いに多少なりとも明瞭な回答をすることはできませんが、私たちが知っているすべてのことから、つぎのように仮定しなければなりません。すなわち、書きことばのあらゆる過程、書きことばの記号の使用はその発達のある段階から内的過程になりますが、それと同じように、読まれたものの理解とよばれるものも、何よりもまず発生的側面から、視覚シンボルへの媒介的反応の発達における一定のモメントとして規定されなければなりません。

明らかに、こうした理解は、ひとつひとつのフレーズを読むときに、そこに言及されているあらゆる対象の像が私たちのなかに発生するような形での、像の補償という点にあるのではないのです。理解にかんする問題に対して、初心の読み手の場合、意味づけの過程は声と眼のあいだにありますが、ベテランの読み手にあっては視知覚の直後にある、と実験研究は語ります。こうして、理解は、対象の形象的再生やしかるべき音声語をあげることにさえ帰着するものではありません。理解はむしろ、記号そのものの操作のなかに、意義や、注意のすばやい移動や、私たちの注意の中心となるさまざまな点の析出に対して記号を関係づけることのなかに存在します。この意味で、読むときのことばの無理解のあざやかな事例となりうるものは、痴愚者の読み方です。トローシンの観察から事例をあげてみましょう。読みながら一語一語に狂喜した「痴愚者」を、彼は記録しています。「神聖な鳥」（おお、鳥だ、鳥だ――嵐のような喜び）、「しりません、しりません」（同じあらわれ方）、「ヴィッテ伯爵がやってきた」（やってきた、やってきた）、「ペテルブルグに」（ペテルブルグに、ペテルブルグに、等々）。

このような注意の集中、個々の記号ひとつひとつへの注意の束縛は、諸関係のシステムとよびうるような複雑な内的空間に定位づけるように注意を導いたり、移しかえたりすることができないことを意味します。こうした諸関係の確認や、重要なものの析出のなかや、転化と移行のなかに、通常、理解とよばれる過程が存在するのです。

子どもにおける書きことばの発達の全歴史をとらえると、私たちは自然に、こうした検討から生まれてくる最高度に重要な四つの実践的結論に行きつきます。

書きことばの教育――その実践的課題

●就学前期の書きことば

*ここでの「就学前期」は三歳から八歳未満の時期を意味する（訳註）。

第一の問題は、この観点からすれば、書き方の教授・学習を就学前期*に移すことは自然であろう、という点にあります。実際のところ、ヘッツェルの実験が示したように、書き方のシンボル機能の発見が幼い年齢期の子どもにもすでに可能であるなら、書き方の教授・学習は就学前教育の実際の義務とすべきでしょう。私たちは実際、書き方の教授・学習はわが国では、心理学的側面からすれば、疑いもなく遅いことを示す一連のモメントを見てきました。事実、ヨーロッパとアメリカの大多数の国々では、読み書きの教授・

学習はたいてい六歳から始まっていることを、私たちは知っています。

ヘッツェルの研究は、八〇パーセントの三歳児が記号と意義を随意的に結合することを獲得し、六歳の子どもはすでに、これらの操作をするあらゆる能力をもっていることを示しました。彼女の観察によれば、三歳と六歳のあいだの発達は、子どもの注意や記憶がなしとげる成功よりも、むしろ随意的記号を使用する操作そのものの発達にあります。ヘッツェルは、読み書きがシンボリックな文字の獲得にかかわるのであれば、すでに三歳児の圧倒的多数が読み書きを教えられうるという意味で、書き方の教授・学習をより早期に始めるという問題を解決しています。なるほど、彼女はここで、文字は第二レベルのシンボリズムであり、彼女が研究したものは第一レベルのシンボリズムであることを考慮にいれていません。彼女はまったく正当にも、三~四歳で読み書きを教えるオーソドックスなヨーロッパの教育や、幼稚園で読み書きを教えるモンテッソーリ・システムや、そのほか同じようにしているフランスの多くの就学前施設に言い及んでいます。心理学的観点から、これは不可能ではないが、子どもの記憶や注意が不十分なために困難である、と彼女は述べています。もしすべての子どもに即していうなら、この操作は六歳をすぎてようやく、すべての子どもにとって可能となるのです。

バートはイギリスについて情報を提供していますが、彼は、イギリスでは就学義務は五歳からですが、もし在籍に余裕があるなら、三歳から五歳のあいだの子どもたちも学校に受けいれられ、そこで読み書きを教えられている、と指摘しています。四歳半の子どもの大部分がすでに読むことができます。読み書きをより幼い年齢期に移すことについて、格別に賛成意見を述べているのは、モンテッソーリです。彼女は四歳の子どもに読み書きを教えています。遊びの過程で、予備練習によって、イタリアの彼女の幼稚園にいるすべての子どもがたいてい四歳で書きはじめ、五歳になると小学一年生のように上手に読みます。

モンテッソーリの手法全体の独自性は、書き方が手の発達過程における自然的モメントとして発生することにありますが、子どもにとって書き方の困難は文字を知らないことにあるのではなく、手の小さな筋肉の発達度が不十分なことにあります。綿密な練習によって、子どもは書き方を書くことによって学ぶのではなく、書きことばの準備によって、細線の描画によって学ぶということに、モンテッソーリはたどりつきます。子どもたちは、彼らが文字に近づくまでに書くことを学んでおり、したがって、即座に、突然あるいは自然発生的に書きはじめます。書き方の教授・学習の全過程が占める時間は、きわめてわずかです。彼女の四歳の子どものうちふたりは、一か月半足らずで、すでに自分で文字を書けるように、書くことをおぼえました。本や鉛筆がよく使われ、ことに年上の読み書きをする子どもたちのいる家庭での子どもの発達に対する研究から、子どもは四~五歳で、話しことばの獲得と同じように読み書きを自然発生的に獲得することを私たちは知っています。子どもは自発的に個々の文字や数字を書いたり、看板のそれらを読んだり、それらから語をつくりはじめたりして、モンテッソーリが幼稚園でひきおこしているものを自然的なやり方で成しとげます。

●書き方の技術と必要性との矛盾

しかしモンテッソーリの事例がもっともよく示しているのは、この事柄が一見してそう見えるよりもはるかに複雑であり、一方では、子どもたちは四~五歳ですでに筋肉―運動的側面ならびにシンボル機能の側面から、これらのメカニズムを完全に獲得することができるという意味で、学校での書き方の教授・学習は遅すぎるとしても、他方では不思議なことに、書き方の技術は子どもに書きことばへの欲求が成熟するよりも早く、また書きことばが彼にとって必要となるよりも早く子どもに与えられているという意味で、六歳さらに八歳でさえ書き方の教授・学習は時期尚早なのです。書くことが筋肉活動としても、記号のシンボリックな知覚としても、遊びからきわめて容易に発生するのに対して、書くことが行動のなかで演じる役割からすれば、書くことは遊びよりもはるかに遅れるのです。

この意味でも、モンテッソーリの場合には発達の理解が自然主義的解剖学主義から生まれ機械的受動性をもたらすという、発達理解のあらゆる限界性を指摘するモンテッソーリ批判は、完全に正しいものです。一か月半のあいだに、四〜五歳の子どもたちは驚嘆すべき書写の正確さで書くことをおぼえている、とヘッセンは述べていますが、子どもが丹念に書いた文字の正確さや優雅さを脇において、書かれた内容に注意を払うことにしましょう。モンテッソーリの子どもたちは何を書いているでしょうか。「私たちは技師のタラーニさんとモンテッソーリ園長先生に、よい復活祭であることをのぞみます」「私は主事さん、先生、モンテッソーリ博士に幸運をのぞみます」「子どもの家、カンパニヤ通り」等々。

私たちは就学前期における読み書きの教授・学習の可能性を否定しませんし、子どもがすでに読み書きができるようになって就学することは望ましいとさえ思いますが、しかし、その場合、子どもには何かのために読み書きが必要である、というように教授・学習が設定されなければなりません。もしも、園長たちへの公式的なお祝いや、最初にあげた、明らかに教師によって暗示された言葉を書くために読み書きが使われるのであれば、すぐに子どもを退屈させ、彼の能動性は発揮されず、彼のよみがえりつつある人格を成長させることもないような純粋な機械的手段に、読み書きの課業はなってしまうでしょう。読み書きは子どもの必要とならなければなりません。ここで、このうえなくあざやかに現れているのは、モンテッソーリのみならず学校での書き方の教授・学習のなかにも存在する基本矛盾であり、つまり、複雑な文化的活動としてではなく、一定の運動的習熟として書き方が教えられていることなのです。したがって、書き方の教授・学習を就学前期に移すという第一の問題とならんで、第二の要求が、生活に密着した算数の要求に比肩できるような、まさしく生活に密着した書き方の要求がおのずと提起されることになります。

●生活に密着した書き方の教育

これが意味するものは、書き方が子どもにとって意味をもったり、書き方への自然な欲求や必要性がよびおこされたり、書き方は子どもにとって生活上の必要な課題のなかに組み込まれたりしなければならないことです。そしてそのときにこそ、書き方は手や指の習慣としてでなく、実際に新しく複雑な種類のことばとして、子どものなかで発達することを確信できるのです。

ヘッセンのような多くの教育学者は、モンテッソーリの場合の読み書きの教授・学習がもつ一般的精神に賛同しませんが、それでもやはり、書き方の教授・学習を幼稚園に移すことに賛成しています。しかしここには、誤ったアプローチと、そのあらゆる意義における書きことばの過小評価があらわれています。ことばと同様に、初歩的な意味における読み書きの能力はむしろ心理生理的レベルの習熟である、と彼らは述べています。書き方へのこのようなアプローチほど誤ったものはありません。書き方はその最終の発達にいたるまで、どのような複雑な歴史をたどるのか、書き方が発達し確立するためには、どのような飛躍・変形・発見が必要なのかを私たちは見てきました。これを単純な心理生理的習熟と見なすには、私たちは、ことばが子どもの行動にどのような原理的変化をもたらすかを見ており、知っているのです。モンテッソーリによって示された、読み書き能力の教授・学習のもっとも完成され容易なものにさえされた学校的方法の綿密さから明らかになるのですが、読み方の教授・学習は学校の授業の対象となりえないのではなくて、これらの方法のすべてが主要なものを考慮にいれずに、書きことばのかわりに書く習熟を子どもにあたえているのです。こうした書く習熟について、ヘッセン自身がつぎのように述べています。「読み書きの能力と、話す能力と、自分で服を着たり脱いだりすることと、初歩的に描く能力とのあいだには、原理的な違いはありません。モンテッソーリの功績はまさしく、彼女が、書く能力とはかなりの程度まで純粋な筋肉的能力であることを示した点にあります」。私たちはこの点に、モンテッソーリの方法のまさしくもっとも弱い個所を見いだします。これまで見てきたように、彼女にとって、書き方は純粋な筋肉活動であり、したがって、彼女の子どもたちは内容のない文を書くのです。書く能力と衣服を着る能力とのあいだには原理的差異があり、私たちはこれを、私たちの論文全体の延長として強調しようとしました。疑いもなくきわめて大きな役割をはたす、書き方における運動筋肉的モメントは従属的モメントであり、まさにこのことによって、モンテッソーリの不成功が説明されるのです。

シュテルンは、子どもには四歳で読み方を教えなければならないというモンテッソーリの意見に反論しています、そして、あらゆる文化的国家では読み書きの教授・学習の始まりは生後七年目の始まりと合致しているのは偶然ではない、と考えています。この確証として、彼は、モンテッソーリの幼稚園での遊びの貧困が子どもに読み書きの方を向かせている、というムーホフの観察を引用しています。フレーベルのシステムにもとづいてつくられた園では、そこではファンタジーのための課業・観察・活動や、遊びにおける自発性の興味が、子どもにとってははるかに大きいものなのですが、この年齢期の子どもたちみずからが読み書きの興味を示すという事例は稀に見られます。主要なことは、こうした意見は、教授学的影響がなくても、子ども自身が読み書きへの欲求に到達するという観察から、間接的な確証をえていることです。

ここでは、シュテルンが述べるように、読み書き能力の成熟はまったく別の経路をたどっています。上であげた私たちのあらゆる研究は、読み書きの能力はどの程度まで、衣服の着脱の能力と原理的に異なっているのかを示すことを目的としたものでした。私たちは、子どもが読み方の教授・学習にいたる経路の複雑さのあらゆる独自性を示そうとしました。教育過程を心理学的に検討するときに普通に出会う課題の粗雑な単純化は、書き方を対象にした事例のなかにきわめて明瞭にあらわれていますが、そこでは、最良の教育者でさえ、書き方の習熟と書き方の獲得の二つを原理的に同一のものと見なす傾向をもっています。モンテッソーリの子どもたちの文を読み、それらの書写的正確さに魅せられるとき、私たちの目の前にいるのは、鍵盤を弾くことは覚えたが、自分の指が奏でる音楽には聾であるような子どもたちである、といった印象から離れることはできません。

私たちが自分たちの研究から実践的結論として提起しようとする第三の命題とは、書き方の自然な教授・学習という要求です。この意味で、モンテッソーリはきわめて多くのことを行いました。彼女は、この活動の運動的側面を子どもの遊びの自然な過程で実際によびおこしうることや、書き方は強制するのではなく育ててあげるものであることを示して、書き方の発達への自然な経路を開きました。

こうした経路を通って、子どもは外的教え込みとしてではなく、自分自身の発達のなかにある自然なモメントとして書き方にたどりつきます。モンテッソーリは、幼稚園は読み書きの教授・学習にあたっての自然な要素であると指摘しましたが、これが意味するものは、読み書きの最良の教授・学習方法は、子どもが読み書きを教えられるのではなく、この二つの習熟が遊びの対象となることなのです。このためには、文字もまた、たとえばことばがそうであるように、子どもの生活の要素となる必要があります。子どもたちが自分で話すことをおぼえるのと同じように、彼らは自分で読み書きをおぼえなければなりません。子どもたちが自分で話すことをおぼえるのと同じように、彼らは自分で読み書きをおぼえなければなりません。読

●描画と遊び——書き方の自然な教授・学習

み書きの教授・学習の自然なやり方は、子どもをとりまく状況に積み重ねられる影響のなかにあります。読み書きは、子どもの遊びにおいて彼に必要なものとなるべきです。しかし、モンテッソーリがこの習熟の運動的側面において行ったことは、書きことばの内的側面や、その機能的習得においても行われなければなりません。書き方の内的理解に子どもを導くこともまた、当然に必要なことであり、書き方は教授・学習ではなく、子どもの組織された発達になるようにする必要があります。このために、私たちはもっとも一般的な経路だけを示すことができます。手仕事と描線の獲得がモンテッソーリの場合には書き方の習熟の発達にむけた予備練習であるのと同じように、これと同じように、私たちが指摘したモメント、つまり描画と遊びは子どもの書きことばの発達における予備練習とならなければなりません。教育者は子どものこうしたすべての行為、書きことばのある様式から他のそれへのあらゆる複雑な移行を組織しなければなりません。教育者は、子どもが危機的モメントを通過して、対象ばかりかことばをも描くことができるという発見のモメントのごく近くまで行くようにしなければなりません。これらの実践的要求のすべてをまとめて、それらをひとつにして表現したいのであれば、この問題の検討は子どもに文字を書くことを教えるのではなく書きことばを教えるという要求に私たちを導くものである、ということができるでしょう。

モンテッソーリは自分のやり方で、ノーマルな子どもだけでなく同じ知的年齢期の知的遅滞の子どもをも教えましたが、その場合に彼女は、自分は知的遅滞の子どもに初めて適用されたサガンの方法を発展させた、と正しく指摘しています。

いく人かの知的な弱さのある子どもたちが正書法にのっとり、書写の正確さをもって書くことを教えることに彼女は成功しましたが、それは、この子どもたちをノーマルな子どもたちと一緒に公共的学校に入れ、試験を受けさせられるほどのよい成績でした。彼らはこの試練にきわめて立派に耐えたのです、と彼女は述べています。

このようにして、二つの著しく重要な指摘がえられます。第一に、同じ知的年齢の知的遅滞児の場合、読み書きの教授・学習過程は手のとどくものであることが明らかになりましたが、ここでまったく明瞭にあらわれるものは、上述したような、生活に密着した書き方と書きことばの教授・学習が欠如していることです。まさしくこうした方法を根拠に、ハラーは、この時に子どもたちはまだ書かれた言葉の理解にまで達していないし、これはいかなる教育学的価値をもたない手品であると指摘して、モンテッソーリの原理に反論しています。しばしば機械的な読む能力は子どもの文化的発達を前進させるよりは、むしろ停滞させるものであり、読み書きの教授・学習の始まりは、彼の意見によれば、書きことばの獲得に必要な心理的成熟に子どもが達するよりも早く始めてはならないことになります。

教授・学習方法にかんして、ハラーもまた就学前教育の手法に、子どもの読み書きは描画によって準備され、学校的な教授・学習ではなく遊びの過程で発生するようにすることに賛成しています。書きことばを、外的な読み書きとしてではなく、それ自体として獲得することの重要性はきわめて大きく、多くの研究者が知的遅滞を読むことができる者とそうでない者に直接的に区分しているほどなのです。

実際のところ、もし知的遅滞をことばの獲得の程度によって区分するとするなら、「白痴者」はことばをまったく獲得していない人間であり、「痴愚者」は話しことばだけを獲得しており、「精神薄弱者」は書きことばをも獲得することができる、といわなければなりませんが、「精神薄弱者」に読み書きのメカニズムではなく、読む能力や自分の考えを書いて表現することを教えることはいっそう重要であり、またいっそう困難なのです。すでに先述のことから、知的遅滞の子どもにとって、同じ課題がノーマルな子どもの場合よりもいっそう創造的なものであることがわかります。書きことばを獲得するために、知的遅滞の子どもは自分の創造力をより大きく緊張させなければなりませんが、これは彼にとって、ノーマルな子どもにおけるよりもより創造的な行為なのです。私たちは実際に実験のなかで、知的遅滞の子どもたちがどのように、大きな困難と創造力の大きな消費とをもって、ノーマルな子どもたちに見られるのと同じ、書きことばの発達におけるもっとも重要な転換的諸モメントを通過していくかを見ています。この意味で、読まれたものの理解の教授・学習とこの読み方の発達自身は、知的遅滞の子どもに可能なあらゆる文化的発達の最高峰なのです。

●盲目・聾唖の子どもたちと書きことば

盲目の子どもたちの事例で、私たちは、つぎのことをあたかも実験的に証明されたかのように見いだしました。すなわち、この子どもたちの習熟はまったく別のもので、筋肉の内容も深く異なっているので、読み書きの教授・学習はいかほども単純な運動的習熟でも単純な筋肉活動でもないことです。しかし、書き方の運動的側面はまったく別のものであっても、盲目の子どもの書き方の心理学的側面は同じものなのです。盲目の子どもは、視覚記号のシステムとしての書きことばは獲得できません。したがって、私たちがすでにことばの発達の面で確認したように、記号と結びついた彼のあらゆる活動の発達には、きわめて大きな停滞があります。描画の欠如は、盲目の子どもの書きことばの発達を大いに遅らせます。しかし、同じように身ぶりが対象に意義・意味を付与する幻想的遊びは、彼を書き方へとまっすぐに導きます。私たちの文字を意味する点字の助けで、盲目の子どもたちは読み書きをします。こうした運動的習熟の深い独自性（二つの指で読む）は、あらゆる触覚的知覚が視覚的知覚とはまったく違うように構築されていることによって説明されます。

おそらく、私たちの前にあるのは、まったく別の運動的習熟なのですが、心理学的には盲目の子どもの教授・学習過程は目の見える子どものそれと一致する、とドラクロアは述べています。どちらにおいても、注意は記号そのものから表示されるものへとしだいに移行し、理解の過程もまったく同じようなやり方で育成され、確立されます。盲目の子どもの書き方の発達のなかに、私たちは、ノーマルでない子どもの場合の文化的発達がどのような道をすすむのか、という明瞭な事例を見いだします。歴史的発達過程でつくりあげられた記号システムと彼自身の発達のあいだに分岐が見られるところでは、心理学的には同じ機能を遂行する独特な文化的技術や独特な記号システムが創造されるのです。

聾唖の子どもたちにおける書きことばの発達の独自性は今日まで、過小評価されていますが、おそらく、彼らのことばのあらゆる教授・学習での致命的な誤りであるのは、彼らには最初から話しことばが教えられ、そのあとで書きことばが教えられていることです。だが実際には、この点では逆でなければなりません。聾唖の子どもにとって基本的タイプのことばであり、第一レベルのシンボリズムであるのは、書きことばでなければなりません。私たちの子どもが話すことを習得するように、彼は読み書きを習得しなければなりませんが、話しことばは彼の場合、書かれたものの読み方として構成されなければなりません。

ドイツのリンドナーは、書きことばは聾唖の子どもの言葉の発達の基本的様式であると説いていますが、彼は完全に正しいのです。もし聾唖の子どもにきれいに書くことではなく、書きことばをそのあらゆる意義において教えるとすれば、私たちはこの唯一のやり方で、彼を発達の高次の段階に導くことができるでしょう。そうした段階に、彼は他者との交流を通してではけっして到達しませんが、本を読むことを通してのみ到達できるのです。

VI 生活的概念と科学的概念の発達*

［訳者解説］この論文は、発達と教授・学習の問題、したがって「発達の最近接領域」の問題を思考発達の内容的側面のひとつである「生活的（自然発生的）概念」と「科学的概念」の相互関係から明らかにしようとしている。

ヴィゴツキーはまず、当時の思考の研究の動向にふれている。彼は、一方では思考発達の内容を知識量の増大に還元する見解（ソーンダイク）や、他方ではもっぱら思考操作を研究し、思考の素材には目を向けない傾向を批判し、また、ピアジェらのように思考を構造としてとらえる傾向を批判的に摂取しながら、「ことばと思考の統一」である「言語的思考」を研究する意義を説いている。

この論文の中心は、そうした立場にたって行われた生活的概念と科学的概念の相互関係を明らかにすることであった。シフらの実験にもとづきながら、科学的概念は生活的概念の発達の一定の水準のもとでのみ習得が可能になり、また、そうして可能となった科学的概念の発達は生活的概念を下から上へと発達させ、同時に科学的概念自身は生活的概念を介して上から下へと発達することが、両概念の相互関係の本質として描かれている。科学的概念の語義は生活的概念を介して豊かに、そしてリアルになり、生活的概念の方は科学的概念の習得を通してより意識化されたものになる。語の歴史はそれが習得されたときに終わるのではなく、そのときに始まる。それは母語の発達と外国語の習得の相互関係に比すべきものとされる。

生活的概念と科学的概念は一方の弱さが他方の強さであり、一方の強さが他方の弱さであるように、対照的な発達のすじ道をたどるとされているが、そうした両概念のくいちがいは、一方では「意識化の法則」（クレパレード）によって説明され、他方では、そのくいちがいが発達の最近接領域として位置づけられている。こうして、発達の最近接領域というヴィゴツキーの見解は、自然発生的な生活的概念と意識的に習得される科学的概念とのくいちがいとして、つまり、思考の内容的側面から補足されることになる。

この論文の内容は、ヴィゴツキーの『思考と言語』第六章と響きあっているので、あわせて参照されることをすすめたい。

＊一九三三年五月二〇日、レニングラード教育大学科学―方法会議での報告の速記録（三五年版註）。

教授・学習過程との関連において思考発達の問題を研究するとき、どのようにそれにアプローチすべきかという問題について、いくつかの基本的考えを述べてみようと思います。この問題に純粋に研究的観点から接近し、この分野において研究を設定するうえで本質的なことと思われる諸契機を解明してみましょう。学校における児童学的研究の対象は子どもの発達、とくに教授・学習に依存して、また子どもの活動に依存して実現される知的発達であるという命題から出発することにします。しかし、子どもの発達は、教育過程そのものの進行とは一致しません。子どもの発達は、学校での教授・学習の進行そのもののダイナミズムと結びついていながらも、それに解消されない内的論理をもっています。いうまでもなく、学齢期における子どもの知的発達において基本的な役割をはたすもっとも主要な機能の一つは思考です。したがって、私はもっとしぼって思考の研究の問題を詳しく述べることにしましょう。

思考において発達するもの——思考の形式と内容

序論として、まず思考そのものの発達研究にかんするいくつかの一般的意見を述べておくことにします。私は、この問題はつぎのように立てられると思います。思考においては何が発達するのでしょうか、また何が研究の対象となるべきなのでしょうか。さらに思考の発達過程そのものの内容とは何なのでしょうか。

●思考発達の内容を知識量に還元する見解

よく知られているように、心理学における思考研究の初期には、思考発達の内容は、主として、知識量の集積に帰せられました。つまり、知的な面でより発達した人間とそうでない人間との相違は、何よりもかれが所有する表象の量と質、またそれらの表象のあいだに存在する結合の量にあると考えられました。また思考操作は、思考の最低の段階においても最高の段階においても同じだと考えられました。

ご承知のとおり、この観点を擁護しようとする者は、古い連合心理学と新しい行動心理学のいく人かの代表者をのぞけば、今日では少ないでしょう。とくにソーンダイクの著作は、つぎのようなテーゼを擁護する試みです。すなわち、思考発達は、主として個々の表象のあいだの結合の新しい要素が形成されることにあり、ミミズからアメリカの学生にいたるまで、知能の発達を象徴する曲線は同じ一つの連続的曲線であらわされることにあります。この曲線は連続線であって、そこでの上昇と下降は、テンポの緩急を示すだけなのです。

●思考発達の抽象化

その後、このような観点に対する反動が生じると、問題はひっくりかえされることになりました。思考の素材は、一般に思考発達においてどのような役割も演じないと主張されるようになりました。そして、思考操作そのものに、つまり人が思考したり、あるいは人が何かの問題を思考によって解決したりするときにはたらく機能や過程に、注意が集中されるようになったのです。ヴュルツブルグ学派は、この観点を極端にまでおしすすめ、つぎのような結論にいたりました。すなわち、思考そのものは、言葉を含む外的現実をあらわす像がいかなる役割も演じることのない過程であり、また思考は、抽象的諸関係の純粋に抽象的な非感性的把握や、まったく独特な種類の体験等々であるところの純粋に精神的な行為である、という結論にです。

周知のように、この学派の積極的側面は、この学派に属する研究者たちが、実験的分析にもとづいて一連の命題を提出し、思考操作そのものの現実的特質、思考そのものの機能にかんする観念を豊かにしたところにありました。しかし、思考の素材の問題は、思考心理学からすべて投げ捨てられてしまいました。

現時点でいえば、つぎのことを確認することができるでしょう。すなわち、この観点もまた一面的であり、新しい関心が生まれつつあります、もちろん、それは古い観点に直接に回帰するものではありませんが、以前に思考の素材と呼ばれていたものに対する新しい関心が生まれているのです。思考操作そのものが、どのような素材を操作するかに依存することは明らかです。実際のところ、どの思考も、何らかの形で意識にあらわれる現実の諸現象のあいだに関連を確立するものです。いいかえれば、思考の機能そのもの、あるいは思考のさまざまな機能は、何が機能するのか、何が運動するのか、何がその過程の基礎にあるのかに依存しないわけにはいかないのです。もっと簡単にいえば、思考の機能は、思惟そのものの構造に依存します。機能している思惟そのものがどのように構成されているのか――この一点に、そこで可能な操作は依存するのです。

●機能の内容と形式

私は、とくに思考のような純粋に機能的過程の領域においては、何が機能するかということが、いかに機能するかということを絶対的に規定するとは考えません。とくに思考のような純粋に機能的過程においてはそうです。しかし、それらはたがいに緊密に結びついていると考えられます。

子どものあらゆることばを満たしている語義そのもの、つまりきわめて原初的な一般化が、一定のタイプの構造に属しているとすれば、その構造の範囲では一定の種類の操作のみが可能となり、他の操作は他の構造の範囲で可能となります。混同心性的な一般化あるいは概念が扱われているとするなら、操作の範囲はこうした原初的な一般化の構成のタイプや性格に照応することになるでしょう。一般化がある一定の形で構成されるとすれば、ある種の操作はこの一般化には不可能となり、他の種の操作は逆に可能となるように思われます。

よく知られているように一連のフランスの研究者たち、ジャネ、クラパレード、ピアジェは、子どもの思惟の構造にかんする問題を提起しました。ピアジェは、その推論において極端にまですすみました。彼は、機能は発達のなかで変化せず、機能（たとえば同化）は不変であると主張したのです。変化する内容となるのは思惟の構造であり、構造の変化に応じて機能はあれこれの形態をとるにすぎない、というのです。

ピアジェの一連の研究は、子どもの思惟の構造そのもの、その内的構造の分析に回帰する試みです。もちろん、それは本来の意味での後退ではなく、そこには、思考の機能の分析も保存されています。いずれにしても、この面ではふたたび一種の転換が起きています。この転換の内容は正しいものであると思われます。いまや、問題のこうした今日的状況に立脚した思考の研究は、つぎのことを考慮することなしには不可能でしょう。すなわち、思考発達は多様な内容をもつことや、思考発達は機能の発達につきるものではないことや、思考発達には、思考の織物そのものの内的構造を変更する内的性格をもったきわめて複雑な過程が存在することや、このことは機能そのものの大ざっぱな変化として表されるのではなく、構造そのもの、細胞そのものの、いってみれば、思惟の変化として表されること——こうしたことを考慮しなければならないのです。

●概念と語義そのものの発達——言語的思考の研究

思考の具体的研究において私たちがつねにぶつかる二つの側面がありますが、それらは、学校での教授・学習過程の研究において第一義的な意義をもつように思われます。第一の側面とは、概念そのものの成長と発達です。この言葉はしばしば、いくらかの誤解を生みますので、まったく経験的に、具体的に話すことにします。つまり、概念のかわりに、語義について語ることにします。語が心理学的実在をもつこと、語がさまざまな意義をもつことは、疑いのないところです。

思考発達のこの側面は、語義そのものの構造が変化する深い内的過程です。語義は思考の研究の著しく重要な単位であると思われますが、それは、ことばと思考が統一的に表示される言語的思考の研究*を保障

*傍線を付した部分はテクストでは隔字体で強調されている（訳註）。

するからであると、いうことができます。私たちが思うには、あらゆる語義は一方ではことばであるのですが、それは、語がある意義をもつことはことばの本性に属するからです（意義を失った語はたんなる空虚な音です）。他方、あらゆる語義は一般化であります。その背後に一般化の過程が潜んでいないような語義はありません。つまり、あらゆる語義は思惟の産物および過程として発生するのであり、したがって、語義についてはもはや、それはことばである、あるいは、それは思考である——ということはできません。これは言語的思考、もしくは、ことばと思考の統一です。すなわち、これは、ある統一的過程としてのことばと思考に属するすべての性質を自らのうちに含んだ、生きた現実的統一体なのです。語義の発達あるいは変化の細胞内的過程であると思われます。それは、思惟の活動の変化に直接にはっきりと現れることのないミクロ的過程であり、すなわち、そのミクロ的変化そのものは、新しい事実の発生がこうした変化の各々に今や直接に照応するような形でないならば、まったく実現しないものなのです。思惟そのものの内的変化の過程は不可避的に、思考操作の変化をもたらします。すなわち、思惟の構造がどのようなものであるかに、その思惟の領域で可能となる操作が依存しているのです。

●思考のマクロ構造とミクロ構造

もっと簡単にいえば、何が機能するか、あるいは機能するものがどのように構成されているかに依存して、その機能の様式や性格が構成されます。私が、思惟の構造というとき、思考研究におけるある側面を念頭においています。その側面は、発生する一連の行為の明白な同一性を規定する、多少なりとも堅固に保持される思考組織の諸契機を包含するものです。たとえばピアジェは、子どもの思惟の自己中心性の研究を構造の研究とよんで、個々の事実を一定の順次性において研究することと区別しました。私は個人的には、これはマクロ的構造であると思います。このマクロ的構造ということで私が考えるのは、概念の意義の発達研究です。

こうして、発達における思考研究は、ほとんどつねに、二つの側面の分析——ミクロ的側面とマクロ的側面の分析を研究に導入する必要性に出会います。すなわち、細胞内変化を研究することや、語義そのものの構造の変化を研究することや、言語的思考のなかで実現される語の運動の機能と様式を研究することの必要性です。これらの側面は内的に相互に結びついており、一つの側面のために他の側面が除外されるときはつねに、研究の完全性が犠牲にされてしまうのです。

この序論を結ぶにあたって、以上のことが実際に何をもたらすのかを、一つの事例をもとに示しておきましょう。一つの側面のために他の側面を除外することは、学校での教授・学習の問題を概して、研究の対象となりえなくするように思われます。この問題にアプローチするときに私たちが体験する大きな困難は何よりも、私たちの研究の習慣やアプローチにおいて、これらの側面をいつも一方を他方から切り離して研究するという伝統に縛られていることと結びついているのです。さまざまなタイプの研究において、私たちは、この点でさまざまな困難にぶつかっています。

●ピアジェにおける子ども自身の概念

子どもの思考のマクロ的な機能分析を主として行っている研究を取りあげてみましょう。それはピアジェの著作の第三巻と第四巻にあらわれている研究のことなのですが、そこでは、子どもがどのような操作によって原因や諸表象の関連を確立するのかにかんして研究されています。ピアジェはその序文で、子どもの思惟の素材、子どもによって習得された概念そのものは、自分の研究にはいかなる関心もひきおこさないと述べています。彼にとって関心があるのは、すでにある程度まで歪められた、つまり子ども自身によってつくりかえられた子どもの概念だけなのです。子どもが周囲の人たちから受けとり知覚した概念や、彼が学校で獲得した概念にいかなる関心ももたらさないのは、子どもが概念を借りてきたからであり、そこでは子どもの思考の特質が成熟した思考の特質に溶け込んでいるからです。

ピアジェによれば、教授・学習が問題になるときは、思考過程は研究の対象になりえません。教授・学習のもとで子どもが獲得する対象はすべて、おとなから借りてきた概念です。その概念も子どもが歪めている限りでは、子どもの概念ですが。

ピアジェにおいては、すべての思考は教授・学習過程の外で構成され、ピアジェは原理的に、教授・学習過程のなかで子どもに発生するすべてのものは、思考過程の研究対象にはなりえないという立場に立っています。彼の観点は、彼は思惟の構造を研究しているのであって、機能的操作の独自性には関心をもたないことに行き着きます。ピアジェは、教授・学習過程を発達過程から引き離していますが、これらは明らかに通分することのできないものであり、つまり学校で子どもには、二つの相互に独立した過程――一方での発達過程と、他方での教授・学習過程――が進行することになります。子どもが学んでいることと、子どもが発達することとは、相互にどのような関係も持っていません。思考の内容や素材の観点から子どもの知的発達を取りあげるときに、ピアジェの観点に立つと、発達過程と教授・学習の関係の研究を放棄する必要があるのです。

さらに私は、いくつかの本質的だと思われる研究活動上の問題を詳しく述べてみようと思いますが、その問題は、子どもの教授・学習とは、そこで子どもの思惟の構造の研究がなされるべき側面であるという前提から生じてきます。

子どもにおける自然発生的概念と科学的概念

きわめて大きな役割をはたす問題からはじめることにしましょう。それは、子どもの思考における自然発生的概念と科学的概念の発達にかんする問題です。子どもの概念はきわめて長い発達の自己の歴史をもっています。子どもの概念は、子どもが学校に入学するはるか以前から発達しています。子どもの概念は、さまざまな学者によって追求されてきましたので、私たちも、その過程にかんしていくらかの近似的な知識はもっているといえます。しかし、この問題のもう一つの側面はきわめてわずかしか解明されていません。問題は、学校に通学することそのものが、子どもにとって概念の著しく興味ある新しい発達のすじ道を意味することにあります。子どもは、学校で教授・学習過程のなかで一連の概念、一連の教科――理科、算数、社会科――を習得します。これら科学的概念の発達のすじ道は、この概念の運命の研究が児童学者の重要な課題であるにもかかわらず、きわめてわずかしか研究されていません。

二つの事柄を論証する試みがなされました。ある人たちは、科学的概念の発達のすじ道は基本的には、子どもの自然発生的概念のすじ道を、すなわち、子どもの生活経験のなかで発生するいくつかのヴァリアントをもつ概念の発達のすじ道を繰り返すと主張しています（私自身、長いあいだおおよそ問題をこのような形で考えていました）。したがって、学校での教授・学習は、何ら本質的に新しいものを与えないと考えられています。子どもが学校で科学的知識の体系のなかのこうした概念を獲得するという事実は、子どもの発達の運命にまったく新しいものをもたらさない、というのです。

これに対立する見解は、生活的概念はたしかに科学的概念へ発達するが、科学的概念は習得され、あるいは吹き込まれるものであり、それは概して、発達の傍らを通って子どもの頭にやって来るものなのだと、主張しようとしています。

私は、これらの観点の批判にたち入ろうとは思いませんが、事柄の実際の状態について一般的な考えだけを述べることにします。

私たちは、子どもの科学的概念は自然発生的概念とはちがう別のすじ道に沿って発達すると、述べています。子どもが科学的知識の何らかの体系をはじめて学習する学校での教授・学習の事実そのものが、子どもの最初の概念が発生する場合の条件とは鋭く異なっているので、科学的概念の発達のすじ道は別のものとなると、わたしには思われます。しかし、もちろん、生活的概念と科学的概念の発生のすじ道のあいだのこの相違をあまりに誇張してはなりません。二つの観点からいって、これをあまりに誇張してはいけないのです。もちろん、生活的概念もおとなの助けなしに発達することはありません。つまり、生活的概念は上から下へも、下から上へも発達します。実際のところ、学習は学齢期においてはじめて始まるものではありません。子どもが、「どうして?」とたずね、おとながそれに答えるとき、あるいは、子どもがおとなの話や他の子どもの話を聞くとき、事実上、子どもは学習しているのです。他方、科学的概念は何か未知の領域から始まったり、発生したりするのではありません。たとえば、子どもが授業で水や氷について語るとき、彼はすでに、それらについて何かを以前から知っているのです。科学的概念は、子どもにすでに存在するところの、ピアジェが言うような自然発生的な形で発生する一連の概念に、自分の力を共有するのです。生活的概念と科学的概念の発達のすじ道のあいだにある相違を絶対化してはいけません。そこには多くの共通性があり、それは、この問題の今後の分析のなかでも役に立つでしょう。

しかし今は、これらのあいだの相違に注意を集中することをお許しいただきたいと思います。この相違は、大まかに言うなら(なるほど、ある面では上述したすべての契機を捨象しますが)、子どもの科学的概念の発達は、彼の自然発生的概念の発達がたどったすじ道とは反対のすじ道をすすむという点にあります。

●科学的概念と自然発生的概念の相違——逆向きの運動

それらのすじ道は、ある点では、たがいに逆向きになっています。

実際にそうなのです。単純な自然発生的概念をとりあげてみましょう。周知のように、子どもは比較的後になって、概念の言語的意識化や概念の言語的定義や、概念の言語的定式化と言語的解明を他の語で行う可能性に到達します。子どもはすでにその事柄を知っていて、概念をもっていますが、その概念が全体として何であるのかを言うことは、概してまだ子どもを困惑させます。科学的概念の出現の契機は、まさしく概念の言語的定義、その定義と結びついた操作からはじまります。それは、もちろん、一つの徴候にすぎませんが、それは（現代の概念論が指摘するように）子どもの自然発生的概念の発達過程において発生する水準が、学齢期の終りごろにようやく成熟することを示す徴候なのです。そのような水準から、科学的概念はその生活をはじめます。

子どもが学校で獲得する任意の科学的概念を、あるいはいくつかの科学的概念を事例にとってみましょう。事例を純粋にするために、子どもの学校での教授・学習の外において先行する長い歴史をもっていないような概念をとりあげてみましょう。つまり、水・氷・蒸気のような観念ではなくて、それとはまったくちがう、たとえば、子どもが学校ではじめて知る一九〇五年の歴史的事件のような概念をとりあげてみましょう。子どもはこの年にかんして以前には何も知らず、学校ではじめて知るものと仮定しましょう。明らかに、この新しさは相対的なものです。なぜなら、子どもはこの新しい概念、彼がすでにもっている概念にもとづいて認知するからです。しかしこの概念が新しいものであるかぎり、ここでは発達はつぎのことから始まります。その知識分野が生徒によって検討され、その知識が他の知識と比較対照されて、さまざまな定式化が与えられることから始まります。――要するに、子どもの自然発生的概念はまったく根拠がないことが明らかとなるような一連の操作が行われることから始まるのです。ピアジェによって示されたこのような操作は、自然発生的概念のなかではきわめて弱いものであることがわかります。たとえば、子どもの概念は――「兄弟」の概念のような単純なものでさえ、子どもは十二歳になるまでよく知らない、とされています。「兄弟」についての十分な概念を子どもが獲得するのは、十一歳から十二歳のあいだです。ピアジェとの論争ですでにイギリスの心理学者バレンスが、子どもは科学的概念を、「兄弟」の概念よりもよりよく習得していることに注意を向けています。これは頼みにすべきことです。きわめて早くから生活的概念としての「兄弟」をもっている子どもが、どうして十一歳になるまで、この概念の相対性を、つまり、かれが自分の兄弟の兄弟であるということを、つねに理解しているわけではないのでしょうか。ところで、子どもが学齢期に習得する科学的概念は、他の概念とくらべるとかなり容易に習得されていきます。これは、自然発生的概念と科学的概念の発達の徴候学とよびうるものではないかと思われます。さらに、生活的概念の弱点と子どもの科学的概念の弱点とは異なる現れ方をすることを指摘しなければなりません。子どもは、兄弟がどんなものかということはみごとに知っており、かれの知識は多数の経験によって満たされていますが、「兄弟の兄弟」とか「姉の兄弟」とか、兄弟を数えるとかの抽象的問題を解くときになると、子どもは混乱するのです。「兄弟」の概念を純粋な意義のなかでとらえるときに、子どもは困難を体験するのです。子どもが、科学的概念、たとえば、革命の概念を習得しているときに、弱点は、子どもが、「革命」の概念のような概念の領域でたいへん弱いということにあるのではなく（革命の原因について答えなくてはならないとき、しばしば子どもは十分に立派に答えます）、弱点は「兄弟」の概念が強い概念としてあらわれる領域にあるのです。つまり、「兄弟」の語が何らかの現実の言語的表示にとどまることを防ぐような

●「下から上へ」の発達と「上から下へ」の発達

子どもの経験があるところにおいて、科学的概念の弱点があらわれるのです。

明晰にするために、子どもの自然発生的概念と科学的概念の発達のすじ道を、反対方向を向いた二つの線で図式的にあらわしてみることにしましょう。この場合、自然発生的概念はある面では下から上へ発達します。つまり、自然発生的概念とその最初の誕生はやはり、つねに子どもがあれこれの事物と直接に接触することと結びついています。たしかに、その事物は、同時におとなの側から説明されるものではありますが、それはやはり、現実の事物です。そして長い発達をとおして子どもは、その概念に何らかの定義を与え、諸観念のあいだに確立された論理的関係をなんとか定義できるようになります。科学的説明の方は、概念の一般的定義から始まります。子どもは授業において、諸概念のあいだに論理的関係を確立することを学びますが、この概念の運動は、この点で子どもがもっている経験と結びつきながら、いわば内部に向かって伸びていきます。「科学的」概念と「生活的」概念は、子どもの思考のなかでは、学校で獲得された概念を家で獲得された概念と区別することができないという意味では、同じ水準にあるかのようです。しかし、両者のダイナミズムという観点からすると、これらはまったく異なる歴史をもっており、一方の概念の弱点は、まさしく他方の概念が比較的成熟しているところであらわれます。したがって、子どもの科学的概念の発達はある程度まで、その発達のすじ道において、子どもの自然発生的あるいは生活的概念とは対立的であると思われます。なるほど、この対立はきわめて相対的なものですが、ある面ではそれはやはり正しいのです。しかし、この発達の対立性にもかかわらず、これら二つの過程——子どもの自然発生的概念の発達と科学的概念の発達——は、相互に内的にきわめて深く結びついています。これらが内的に相互に結びついているのは、一般に子どもが科学的概念を習得できるようになるためには、また、その科学的概念が子どもにとっていくらかでも可能なものとなるためには、生活的概念の発達が一定の水準に達していなければならないからなのです。科学的概念が子どもにすぐに理解されるものでないことは明らかです。とくに、個々の科学的概念を別々に理解することはたとえできたとしても、科学的概念を一定の体系のなかで理解することは、長いあいだ不可能です。つまり、科学的概念の習得が概して子どもに可能となるためには、子どもの自然発生的概念の発達そのものが一定の水準に達して、知的発達における一定の前提をつくりださなくてはなりません。しかし、子どもの科学的概念の発達もまた、生活的概念ときわめて密接に結びついています。

子どもの生活的概念がまだ切り拓いていないような発達の区画を、科学的概念がすでに切り拓いていることが正しいとすれば、すなわち、科学的概念が、「兄弟」のような概念についてはまだ不可能な一連の操作を、そこにおいてはじめて子どもに可能にすることが正しいとすれば、子どもの科学的概念はこのような道を切り拓くのであり、生活的概念がまだ切り拓いていない残りの道にとっても無関係ではありえないという事実は、強調されるべきでしょう。図式主義という非難を避けるために、ここでは何が図式によるものであり、何が事実によるものであるかを示したいと思います。ここで事柄の事実的命題を伝えていると思われるのは、十一歳の子どもの「兄弟」の概念の発達と「液体の圧力」の概念の発達とは同一水準にあることです。しかし、「液体の圧力」の弱さがあらわれるところで、「兄弟」の概念がより強くあらわれ、また、その逆のあらわれ方もします。図式的であり、仮説的であるのは、私たちが発達のすじ道を扱うところです。最初にこの路線を指摘したのは、バレンスです。彼は、それをピアジェ、ビネー、ベルタのテストから見出しました。これらのテストにおいて、同一水準にある子ども、つまり標準的に十一歳の子ど

●両概念における因果関係

もが、異なる概念を異なる形で解決することがわかりました。

私の命題は、ここには発達の独特な過程が存在する、という点にあります。この命題を、子どもの生活的あるいは自然発生的概念の発達との関連における子どもの科学的概念の発達の具体的研究を分析することによって説明してみましょう。私が取りあげるのは、ジェ・イ・シフの研究「生活的概念の研究との関連における子どもの科学的概念の研究」です。この研究の基本的手法は、いわば因果関係を確立させるような問題を子どもに出すことでした。そのために、「なぜなら」の後ろのフレーズを作るテストが与えられました。ピアジェには、つぎのような例があります。——「船は海で荷を積込んで、沈んだ。なぜなら……」「自転車に乗っていた人が自転車から落ちて、足を折った。なぜなら……」「少女はまだ読み方がへただ、……にもかかわらず」。子どもはこれを完成させ、なぜの理由を答えなければならないのです。

子どもは、社会科の教材、つまり学校で学習した教材については、生活的教材のばあいよりもずっとよく問題を解決しました。この点で、二年生における両者の解決の相違はきわめて大きいものでした。

科学的概念と生活的概念の材料の研究は、つぎのことを明らかにしました。二年生と四年生*について進歩の過程を曲線であらわすと、二年生では「なぜなら」の科学的概念の発達曲線が、生活的概念の発達曲線よりずっと上を進みます。四年生では、両曲線は多少なりとも一つに合流してきます。「にもかかわらず」の場合は、二年生の子どもは、両曲線が多少なりとも一緒に進むような形で問題を解き、その後、両曲線は分かれていきます。科学的概念と生活的概念の発達路線における相違は、このように、年齢に密接に依存するきわめて重要な契機であることがわかります。これは、私には少なからず重要な事実であると思われます。

＊二年生は九～一〇歳頃、四年生は一一～一二歳頃を指す（訳注）。

この事実の分析にすすむために、もう一つの重要な問題について述べなければなりません。私たちは、これらのテストによってどのような種類の過程がよび起こされるのかを心理学的に規定することなしには、――つまり「船は海に沈んだ。なぜなら……」というようなテストを完成するように要求されたとき、子どもは何をするのかを、また子どもが社会科の面で同じテストを完成させなければならない場合に、どのような種類の思考操作をしなくてはならないのかを心理学的に明らかにすることなしには――二つの種類のテストのあいだのこのような相違が何を意味するのかを規定することはできないでしょう。思考操作はどちらの場合にも、同一であり、差異は材料にだけあるのかもしれないし、操作そのものに差異があるのかもしれません。

あらゆる研究者が解答しなくてはならない基本的問題は、あるテストによってよび起こされるものは何であるのか、つまり、ある実験、あるテストによってどのような心理過程が研究されるのか、という問題です。ピアジェがしたようなすぐれた研究の後でさえ、問題は容易ではありませんし、やはり長い論争と一連の研究の結果として、私がこれから述べようとする、いくつかの契機が明らかになったと考えられるのです。

子どもが「船が沈んだ。なぜなら……」に答えなければならないときと、社会生活の何かの現象について、たとえば「一九〇五年の革命は鎮圧された。なぜなら……」に答えなければならないときと、問題は何がちがうのでしょうか。それは知識の問題だと言うこともできます。子どもは、なぜ革命が鎮圧されたかは学習したが、なぜ船が沈んだかは学習しませんでした。しかし、学校で一九〇五年の革命は学習され、船についてはたぶん学習されなかったにもかかわらず、船がなぜ沈むかを知らないとか、ボートがなぜ沈むかを聞いたことのない二年生は、やはりいないでしょう。だから、この場合、問題は知識にはありません。

「自転車に乗っていた人が自転車から落ちて、足を折った。なぜなら……」というようなテストをやりとげることが、どうして子どもにはむずかしいのでしょうか。私は、これにはつぎのように答えることができると思います。この問題は、子どもが日々いくらでも無意識に行っていることを随意的に行うように彼に要求するから、むずかしいのです。一〇歳の子どもを知っている人なら、「なぜなら」という単語を一〇歳の子どもが状況のなかで正しく使用することを知っています。つまり、自転車に乗っている人が街路で倒れるのを子どもが目撃したとすれば、子どもは、その人は落ちて足を折った、なぜなら「かれを病院へはこんだ」から、とは決していわないでしょう。ところが、テストでは、子どもはそのようにいうのです。ピアジェの子どもたちも語を完全に正しく使用しているのですから、むずかしさを引き起こすものは、諸現象のあいだに因果関係を確立することにはないことは明らかです。それは、子どもが無意識に数限りなく行っていることを、子どもは随意的にすることはできないということにあるのです。

意識化の法則

これは、子どもの思考におけるきわめて重要な事実であると思われますので、子どもが無意識に何回もしていることを随意的におこなうことはできないということが何を意味するのか、についてふれてみましょう。子どもがどのようにしてはじめにあることを習得し、後にそれを無意識に使用するようになるのかを示そうとする多数の実験を、私たちはもっています。たとえば、幼い子どもに何かの音韻結合をいわせようとすると、彼にはそれは不可能であることがわかりますが、その音韻結合が含まれている単語を読みあげると、子どもはそれを申し分なくいいます。たとえば、子どもに「スク」と言わせようとすると、彼にはそれができませんが、「モスクワ」と言わせようとすると、子どもは、「スク」の含まれた単語「モスクワ」をいいます。構造のなかでは、この部分は無事に再生されます。しかし、それを意図的にさせようとすると、子どもにはそれができないことがわかります。コトバの音声的側面ではなく、文法的側面を取りあげても、私たちが見出したように、書きことばを学習する前の幼い子どもは、無意識に自分のことばにおいて文法を自分のものにし、単語を変化させ、単語を文法的に一致させていますが、随意的に単語を変化させたり、構成することはできません。なぜなら、子どもは、何をしているのかを知らないのであり、書きことばの教授・学習や、文法の教授・学習と関連して、子どもは、自分が何をしているのかを意識化するるのです。

●言語機能の意識化

子どもの書きことばのあらゆる研究は、それが子どもが以前から無意識に使用している言語機能そのものを随意的に使用することを要求するものであるために、幼い年齢期の子どもには困難であることを示していると、私はすでに以前に述べました。たとえば、もし子どもが何かの事件をたいへん生き生きと話しているのに、その後で、それをごく簡略化して文章を書いて伝えることにこの上なく苦労するとすれば、こうしたことが起きるのは主として、子どもが話しことばで無意識にしていることを書きことばでは随意的に行わなければならないためなのです。いいかえれば、子どもの場合、機能は、はじめに無意識におこなわれる機能として成熟し、後になってようやく随意的機能に生成するという命題は――これは、一般的命題です。そしてこれは、クラパレードの研究が示した意識化の機能と結びついています。すなわち、子どもが自分は何をいかに行っているのかを意識化するにつれ、その程度に応じて、機能は随意的となります。「モスクワ」という単語を話す子どもも、書きことばの教授・学習の以前には、その単語に「スク」の音韻の課題をどのように随意的に行うのかを知らないのです。随意的活動の問題は、この活動の意識化の問題と直接的に結びついています。

このことを考慮に入れて、先に述べたテストにもどると、事柄の第一の側面が明瞭になると思われます。子どもは自分のことばのなかでは「なぜなら」という単語を申し分なく使いますが、「なぜなら」という関係そのものをまだ意識化していません。子どもは、この関係を意識化するよりも前に、それを使用します。つまり、子どもは、ピアジェが示しているように、自分自身でしばしば、「ボクは病気なので、学校へ行きません」といいます。ところが、その同じ子どもに心理学的実験で、「ある子どもがいいました。病気なので、ボクは学校へ行かない。これはどういうことをいっているのですか」と質問すると、たいてい子どもは、それにつぎのように答えます。——それは、かれが病気だということです。あるいは、それは、かれが学校へ行かないということです。そして、かれは病気なので、学校へ行かないということです、とは決して答えないのです。子どもは、二つの概念のあいだの因果関係を知らないのです。ピアジェの研究によると、十一～十二歳未満の子どもが七五％しかこのテストに解答できないという事情をどのように理解したらよいのでしょうか。それは、つぎのような意味で理解すべきであると思われます。これらの概念や因果関係を意識化することなくすでに習得した子どもたちは、それらをまだ意識化して、つまり随意的に習得していないという意味においてです。

●概念の意識化

意識化の問題にかんして、ここでは他の研究の問題はさけますが、それらの研究によってどこに問題があるかは説明できるでしょう。生活的概念については、子どもはすでにその概念をよく使用していても、意識化は困難なのですが、科学的概念は、その意味ではずっと早く意識化されます。これは、意識化の一般法則であると思われます。クラパレードの研究は、子どもは類似物にまず働きかけ、その後に意識化することを示しました。比較研究によれば、子どもは、差異よりも前に類似に反応しますが、類似よりも前に差異を意識化し、定式化するのです。意識化がそれぞれ異なる程度に現れるにちがいないことは理解できますが、子どもが概して概念を意識化しはじめるまでに、意識化が現れると考えるのは間違いでしょう。

科学的概念には生活的概念ときわめて多くの共通性がありますが（ある程度まで状況的束縛は両者に固有なものです）、しかし、それらは異なる状況において発生し、その状況そのものも異なる水準にあるので、両者の意識化の水準、あるいはより正確には、意識化の性格が異なることは明らかです。また、科学的概念の意識化の程度の方がいくらか高いということも、正しいように思われます。

私が擁護したいと思う第一の命題は、テストにうまく答えられないのは、テストが生徒についても、生活的概念の分野から取られた素材についても、子どもが無意識に自動的に自分のものにしている構造を随意的に使用することを要求するからである、という点にあります。子どもは明らかに、このようなテストには無力なのです。

子どもの科学的概念を発達させるための社会科の教材からとられたテストに目を向けましょう。ここでは、どのような操作が子どもに要求されるでしょうか。「一九〇五年の革命は鎮圧された。なぜなら……」と子どもは質問されます。子どもが学校でよく勉強し、この問題がプログラムにそって学習されていたなら、彼はこの原因を知っています。この問題に答えるとき、子どもは何をするのでしょうか。この問題が教科書にあって、生徒がそれを暗記し、教科書の言葉を写真で撮ったように正確に再現するというような場合を除外するなら、子どもは、学校で明らかにされた知識を使用します。生徒が、そのようにして確立された関係の近似的でユニークな構造を再現するとき、私たちが生徒に求める操作は、つぎのように説明されうるでしょう。この操作は、それ自身の歴史をもっており、実験者が実験をしたときに形成されたものではありません。その実験はいわば最後の環です。実際、教師はそのテーマについて生徒と研究し、知識を伝え、点検し、質問し、訂正してきました。この研究は教師の指導の下で子どもによっておこなわれました。子どもが今これをするとき、テストは子どもに、いうならば、教師の援助で模倣によってこの問題を解決する能力を要求します。生活的概念にもとづく先のテストと社会科的概念にもとづく後のテストとの本質的相違は、子どもが教師の助けを得て問題を解決することにあると思われます。子どもは模倣にもとづいて行為する、と私たちが言うとき、それは、子どもが他人を目にして模倣することを意味するのではありません。今日何かを聞いて、明日それと同じことをするとき、これは模倣しながら行われているのです。したがって、私は心理学的には、このテストを教師による解答の再現を生徒に要求するテストと見なします。

上述のテストにおいて子どもには二つの異なる操作が要求されることに注意を払うなら、すなわち、最初のテストでは、子どもが自動的にしているようなことを随意的にしなければならず、後のテストでは、子どもが自分では自然発生的にでさえ行わないようなことを教師の指導のもとでしなければならないとするなら、両者の相違は本質的な意義をもっていることは明らかでしょう。その相違は知識によるだけの問題ではありません。すなわち、子どもが科学的概念については知識をもっていますが、生活的概念についてては知識をもっていないということによるだけではありません。

科学的概念と生活的概念――両者のくいちがいの意味

さて、図式にもどりましょう。私の考えによると、科学的概念は、生活的概念の発生のすじ道と比較すると、ある意味では逆のすじ道にそって発生します。したがって、科学的概念の強さと弱さは、生活的概念の強さと弱さとは本質的にちがうことになります。私が事例にあげた研究から、ふたたび資料を取りあげましょう。この資料は、子どもの科学的概念には言語主義があらわであることを示しました。ところで、生活的概念の場合、言語主義は現実的危険なのでしょうか。否です。研究が示したように、子どもには図式が育成されますが、彼はこの図式を理解することなしに適用してしまうので、このような図式主義の危険は「兄弟」の概念にはありません。科学的概念の領域で以前にシフがあらわにした危険や弱さは、生活的概念においてあらわになった弱さや危険ではありません。そして反対に、ピアジェが確認したような、生活的概念の面で子どもの発達においてあらわになった危険や弱さ（概念の定義を与えることができないこと。その概念と他の概念との関係を確立することができないこと）――発達のこうした側面は、上述のシフの研究が示すように、社会科においてはまさに強さなのです。

ここでは、学校の欠陥はどの程度、影響するのでしょうか。このような思惟は実際、容易に生まれますが、なぜなら、科学的概念の弱さと生活的概念の弱さは異なるからです。科学的概念は言語主義的になる危険に直面しますが、生活的概念はその危険に直面しないという事実は、それらの相違を示しています。しかし、学校の欠陥は、子どもの学習が空回りすることにあらわれうるように思われます。つまり、子どもは科学的概念を学習しながらも、自然発生的概念においては同じ水準にとどまるのです。子どもは科学的概念をしばしば言語主義的に図式的に習得するので、両者のくいちがいを増大させてしまいます。このくいちがいそのものを、私は欠陥として見るわけではありません。なぜなら、学校でのあらゆる教授・学習において、このようなくいちがいそれ自体は、子どもの知的発達の動因であり、子どもの発達の新しい可能性をもたらすものだからです。このくいちがい自体は、それが子どもの知的発達におけるくいちがいを意味しないのであれば、欠陥ではありませんし、むしろ、その発達をより豊かにするものでしょう。科学的概念は、つねに自然発生的概念よりも高いところを進むものです。ピアジェは、子どもは「なぜなら」や「にもかかわらず」のテストで問題を解くことができないことを確認しましたが、しかし、子どもは社会科ではそれができるのです。つまり、科学的概念の強さは、生活的概念の弱さがあらわれるところであらわになり、そして、その逆もなりたつのです。シフの研究全体のなかでは一つの現象だけが両者に共通していました。それは、原因と矛盾関係の混合主義的説明をおこなういくらかの試みです。しかし私が考えるには、上述したことに照らせば、この混合主義は別のものであり、すなわち、子どもが科学的概念の面であらわにする混合主義と、生活的概念の面であらわにする混合主義とは、異なる種類・形式の混合主義です。しかし、この問題は特殊的で複雑なので、今はそれにはふれないことにします。

●両概念と発達の最近接領域

今や私は、先に述べたことに照らして、私たちの図式にもどり、科学的概念と生活的概念の発達路線のあいだの関係を、私がどのように仮説的、研究的に考えているかを示そうと思います。この問題に対する解答は、私が一般化した形で与えようとしたことのなかに含まれています。つまり、生活的概念についてのテストでは、子どもが無意識にしている操作を意図的、随意的に行うことが要求されるということに含まれている、と思われます。子どもの知的発達にとって特徴的であるのは、子どもが自発的、随意的に行いうることなのであって、子どもが他者の助けをかりてなしうることは指標とはならないと、以前には考えられていました。私は報告のなかで、発達の最近接領域について話をしました。問題はどこにあるのかということだけを思い出してみましょう。以前には、子どもが解いたテストだけが指標となり、誰かが子どもを助けたときには、それは知的発達のための指標ではないと考えられました。模倣は、それが子どもに近似的に可能な領域にあるときにのみ可能です。したがって子どもが、ひそかに助言を得て行いうることは、子どもの発達状態の十分な指標となります。本来的に言えば、これは、教育学によって経験的に確立され古くから知られた思想を表現しています。子どもにとって、子どもの知的発達にとって特徴的であるのは、子どもが何を知っているのかだけでなく、子どもが何を学習できるのかです。子どもが代数をたやすく学習できるという事実そのものが、すでに知的発達の指標となります。児童学的研究は、子どもの現在の発達水準だけでなく、すなわち、すでに成熟した機能の水準だけでなく、まだ発達を終えていなくて発達の最近接領域にある、成熟しつつある機能をも探りだします。

複雑な高次精神機能のほとんどどの一つも、子どもに一度に子どもの自主的活動として、彼のなかで直ちに発生するものはありません。子どもはつねに、援助があれば、自分でできるよりもたくさんのことを行うことができるというのは、ごく単純な事実であると私は思います。子どもがある年齢段階で他者の援助を得てすることのできたことを、他のより後の年齢段階では自主的にできるようになるという事実は興味あることです。マッカーシーの研究が示すように、三〜五歳で指導の下に何かをした子どもは、五〜七歳にはこの同じことを自主的にするようになります。このことは事例で示すことができます。二人の子どもが何かの問題を解くことができないとき、そのうちの一人は、どうはじめたらよいか暗示されると、この問題をつづけて、やり終えることができますが、もう一人は、ひそかな助言があってもその問題に取り組みません。これら二人の子は、この問題の自主的解決を同じように速く習得するようになるかどうかと質問されます。ひそかな助言にもとづいて直ちに問題を解く子どもの方が、助言があっても問題を解かなかった子どもよりはやく、自主的な解決をはじめるだろうと考えられます。

上述したシフの研究は何を教えているのでしょうか。

生徒の科学的概念と生活的概念の比較研究において確認された基本的事実を分析することからはじめましょう。科学的概念の独自性を解明するために、その第一歩として、子どもが学校で獲得した概念と彼の自然発生的概念との比較研究の道を選ぶのは自然なことでしょう。生徒の自然発生的概念の研究であらわにされたいくつかの特質は、私たちには明らかです。同じ特質が科学的概念の面でどのようにあらわれるかを見てみたいと思うのは当然でしょう。そのためには、構造の同じような実験課題をまず生徒の科学的概念の領域で、ついで生活的概念の領域で与えることが必要でしょう。その研究が確認した基本的事実は、これらの概念は、私たちがあらかじめ予想したように、同じ発達水準をあらわにしなかったことにあります。科学的概念の操作と生活的概念の操作における継承関係と同じく、因果関係や依存関係の確立も、子どもの到達水準は異なっていました。同じ年齢段階における生活的概念と科学的概念の比較分析は、教育の過程にしかるべきプログラムのモメントが存在する場合、科学的概念の発達は自然発生的概念の発達を上回ることを示しました。科学的概念の領域では、生活的概念の領域におけるよりも高い思考水準に出会います。科学的概念にもとづくテスト（「なぜなら」とか「にもかかわらず」の語で中断されたフレーズを完成させる問題）の解答曲線は、生活的概念にもとづく同様のテストの解答曲線よりも、たえず上にありました。これは解明を必要とする第一の事実です。

生活的概念の発達と科学的概念の発達がどこで相対的に低く、どこでより高くなるかを追跡してみると、このすじ道は次のように描かれたことがわかります。すなわち、指導のもとでの問題解決の曲線がはじめに上がり、つまり教授・学習のなかでこの新しい活動形態が発生して、その後にはじめて、それは自主的な活動として発達するというように描かれました。

これらすべてを一般化するとすれば、もはや研究資料にではなく、いくつかの仮説的判断にもとづいて、問題は次のようにあらわされるように思われる、といわなければなりません。科学的概念の発達そのものは、子どもが生活的概念において一定の水準に達したときにのみ可能となるのです。子どもが科学的概念をまだ理解できないような年齢があります。この概念の出発点はまさしく、自然発生的概念の発達のある水準にほかなりません。そして、子どもが科学的概念のこうした発達を切り拓くという事実は生活的概念にも跡を残さずにはいられません。科学的概念の発達する最初のすじ道である発達のこの断面が、発達の最近接領域であると私は考えます。この断面は、教育者の指導のもとで、子どもの相対的に自主的な解決においては不可能であるような一連の操作を行うことを可能にします。指導のもとで子どもに発生する操作や形式は、その後子どもの自主的活動の発達へのすじ道となります。

このように主張する根拠となるのは、マッカーシーの実験です。概して発達の最近接領域の学説は、この実験にことごとく負っています。発達の最近接領域はつねに予測情報であると一連の研究者が指摘しているほど、子どもの科学的概念が上へすすむという事実は、子どもの発達の運命にとって無関係のままではありません。シフが行った事実資料の研究は、慎重にいっても、この仮定を排除していません。その研究は、科学的概念は上へすすみ、生活的概念は下をすすみつつも、のちに生活的概念は引き上げられることを示しています。

●科学的概念と生活的概念の相互関係

自然発生的概念の科学的概念への移行にあたって、何が起こるのでしょうか。もちろん、この問いへの解答は、推測的なものの他は、いまはまだ出すことができません。しかし、学校での教授・学習の児童学の中心問題の一つはまさしく、この移行を研究することにあると思われますが、なぜなら、どの科学的概念も、学校へ入るまでに芽生えた自然発生的概念に依拠しなければならず、この自然発生的概念を科学的概念になんとか加工しなければならないからです。自然発生的概念は新しい発達の区画へ移行すると、きわめて一般的な形でいうことができます。自然発生的概念は子どもによって意識化されますが、それは構造において変化し、機能的側面においてより高いタイプの一般化へ移行します。そして、そうした自然発生的概念は科学的概念の活動を特徴づける操作や特徴の可能性をあらわにし、科学的概念の活動の構造や範囲を特徴づける本質的な性質を獲得します。二つの概念が子どもに別々に存在しうること、生活のなかで形成された水の概念と理科で学んだ水の概念が存在しうるということ——このことについては、バレンスが多くの事例を引用しています。水を生活のなかで知る形で知っているとともに、学校で科学的概念を認知する子どもは、その両者をただちに結びつけるわけではありません。

科学的概念にとって特徴的であるのは、学校において教師の質問に対する答えに、子どもがこの概念を容易に、つまり随意的に使用することなのですが、しかし、一九〇五年について何か自分で考え抜いたことや深く感じたことを話すのを、小学校の生徒から耳にするのは、まれにしかありません。生活的概念が科学的状況において無力であるのと同じように、科学的概念も生活的状況のなかでは無力であるとすれば、そのことはまさに次のことを示しています。第一に、科学的概念は、生活的概念が強いような状況において弱いのであり、また、その逆も成り立ちます。第二に、それとともに科学的概念と生活的概念とにはきわめて多くの共通するものが備わっています。両者は、子どもの思考の発達における同じ時代に属しており、したがって、思考の一般法則は、すなわち概念は状況に依存するということは、両者とも同一です。私たちが科学的概念の発達に確信をもつのは、まさしく科学的概念が子ども自身の概念となったときなのです。一般化の完全性とは、概念のなかに対象自体の諸指標だけでなく、他の対象との関連もふくまれている、という点にあります。私が諸関係の一定の網を持ち、新しいものを直ちに組み入れるなら、それを直ちに理解したことになります。十進法をすぐに習得したという子どもを見た人は誰もいません。子どもは下から上へと習得していくのです。また、正の数を習得したときと同じすじ道で負の数を習得する子どもを見た人は誰もいません。子どもは習得するにしても、すぐには習得しません。すなわち、体系そのものが、科学的概念の発達におけるすじ道での独特な進行を可能にする基本的条件なのです。子どもがどのように科学的概念を使用するかを研究すると、ピアジェが自然発生的概念の解決の分析の基礎においたデータは逆のものであることがわかります。生活的概念の面では、子どもは、学校へ行かなくてもよいことを上手に正しく話すのですが、「ボクは学校へ行きません。なぜなら……」を正しく話さなくてはならないときには、彼は話すことができないのです。科学的概念は、子どもの自然発生的構成においてはきわめて貧しいのですが、随意的構成では、質問に答えなければならないときには、きわめて強いものであると思われます。こうしたことを主張するためのどのような実験データも私たちにはありませんが、しかし私は、日常的観察に注意すれば、これはほぼありうることだと思います。子どもは自然発生的な判断においては、科学的概念にかんして著しくわずかな意見しか述べません。すなわち、そこは科学的概念が自分の弱さをあらわすところなのです。

この問題の論述を終えるにあたって、これまでに述べてきたことをいくらか一般化し、要約しなければ

母語・外国語の発達との比較

なりません。

私はここでは、一つの具体的研究の資料と事例を利用しましたが、しかし私が念頭においたことは、より一般的なものでありました。それは、科学的に証明されたものと受けとりうるような一定の理論的結果を確証したという意味ではなく、私たちが関心を抱く問題への科学的・研究的アプローチという意味で一般的なものです。私が今日ふれた問題は、子どもの発達における一連の類似の歴史に注目するならば、もっと著しく明瞭で、説得力のあるものになるかもしれません。子どもの知的発達のすじ道はきわめて多様であり、私が論じたすじ道は、子どもにおける母語との比較における外国語の発達にきわめて似たものです。外見だけでなく、機能的・心理学的にも、子どもは外国語と母語とをまったく異なる仕方で学習します。多言語併用、二語併用などの問題をあつかった一連の外国の研究があります。明らかに、生徒における外国語の習得は、母語の習得とは正反対のすじ道をすすみます。子どもは母語の習得を、名詞の男性と女性を区別することからはじめませんが、たとえば、ドイツ語を学ぶときには、ただちに男性の単語にはこの冠詞で、女性の単語にはあの冠詞という説明が彼になされます。子どもは母語の学習のときは音韻の結合からはじめませんが、ドイツ語ではまさにそこからはじめます。ドイツ語の習得そのものは、母語が一定の発達水準に達したときにはじめて可能となり、母語の知識に依拠します。外国語を幼い時期に学習する場合、その外国語は母語と同じように習得されます。どれか一つの言語の知識だけが子どもの本性となるのではありません。しかし教師が八歳の子どもと話して、これは何ですかとたずね、子どもが、インク壷ですと答えるなら、八歳の子どもはすでに、それが単語を学習する方法であるということを意識しているといわねばなりません。そしてそのときには、外国語は母語とは違った仕方で覚えるのです。ところで、バレンスは、シュテルンの理論にきわめて鋭く反論しています。つまり、母語の教授・学習にかんするシュテルンの理論はすべてきわめて正しいが、それは、外国語を学ぶギムナジュウムの生徒にだけ適用可能なものだ、と述べています。

私は、以上のことを、同一に見える二つの構造そのものの機能的・心理学的習得は、年齢が異なり発達の現実的条件が異なると、まったく違ったものとなるという考えを説明するための手段として利用しました。この比較を使って私が述べたかったことは、機能的・心理学的側面からすれば、科学的概念の習得は、学校における外国語の習得が母語の習得と違っているのとほぼ同じように、生活的・自然発生的概念の習得とは違っており、また意識的方法によって外国語の習得が可能となるためには、母語の習得が一定の水準に達していなければならないことです。子どもはたとえば、自分に兄弟があり、友人にも兄弟があることを聞いていても、「兄弟」とは何かについてよく考えるようなことは一度もありませんし、それが意識的考察の対象となることも決してありません。ところが学校では、社会科にかんするすべての概念は、子どもがそれらの概念を意識のなかでいつも操作するというように、構成されています。大まかに言えば、子どもが「兄弟」の概念を習得するときには、現実の関係をもち、それに人から聞いた概念を適用するわけですが、一九〇五年の革命の概念を自分のものにする場合は、状況の図式を習得して、それを通して何らかの現実的状況を再現するのです。もちろん、この過程の正確な機能的分析を加えることはできませんが、思惟と意識の参加、両概念の論理性と抽象性の程度は異なっているように思われます。その点では、生活的概念と科学的概念の発生は、母語と外国語の発生に似ています。バレンスのアナロジーは正しいように思われますし、それが研究の可能性を切り拓いたのです。私がテストの決定や概念の範囲の決定に用いた諸契機は、生活的概念と科学的概念にとっても大なり小なり徴候的であり、典型的であって、両概念のあいだにはきわめて複雑な相違がありますが、しかし、この相違を過大評価してはならないと思われます。もちろん、この相違は相対的なものです。すなわち、ある一つの面でのみ、子どもの科学的概念の発達のすじ道を自然発生的概念の発達のすじ道に対置することができるのです。これら両概念は、もちろん、著しく多くの共通性をもっています。科学的概念が以前に獲得された一連の情報に依拠するのと同じように、生活的概念の発達も下から実現されるだけでなく、周囲のおとなから子どもに流れ着く知識によっても実現されるのです。

しかし、この共通性は、私が差異について語ったことと少しも矛盾するものではありません。両概念は、違った仕方で発達するのですから、意味構造のうえで異なる起源をもちます。実際、私たちが知っているように、児童期におけることばの意味的側面の発達、すなわち、子どものことばの最初の意義の発達は、ことばの位相的側面の発達と、明らかな対立をあらわにしています。ことばの外的側面はその発達において、個々の単語からフレーズへすすみますが、意味的側面は、フレーズから単語へとすすみます。この法則性は科学的概念にも適用できるものなのでしょうか。否です。科学的概念に存在するのは、生活的概念の場合とは違ったことばの意味的側面と位相的側面との相互関係であり、したがって、こうしたことばの意味的側面が通過する発達のすじ道も別のものになります。しかし、この差異は私たちに次のことを教えてくれるはずです。すなわち、日常生活における概念の発達過程と学校における子どもの概念の発達過程とのあいだには深い相互関連があり、この関連は両概念の発達が異なるすじ道を進むからこそ可能となるのです。

つぎのような問題が生まれます。もし科学的概念の発達のすじ道が子どもの生活的概念の発達のすじ道を基本的には繰り返すものであるとしたら、それは子どもの概念の発達に新しいものをもたらすのでしょうか。概念の範囲の増大、拡大でありましょう。しかし、もし科学的概念の発達が、子どものまだ通ったことのない発達の区画を発達させ、科学的概念の習得が発達の先回りをするとしたら、つまり、この習得が子どもにまだ可能性の熟していない領域で作用するとしたら、科学的概念の教授・学習が子どもの発達において実際に大きな役割をはたすであろうことを、私たちは理解しはじめるでしょう。科学的概念は子どもの概念の範囲を拡大すると言うこともできます。科学的概念の発達と生活的概念の発達の共通性はどこにあるかではなく、それらの差異はどこにあるかを理解することこそ、したがって、発達の最近接領域を形成しながら、両概念が新しいものをもたらすのはどの点であるのかを理解することこそが、重要なのです（いずれにしても、この知識の集積が最重要視されて、他の側面は気づかれていない研究の現段階にとって）。

この問題の論述を終えるにあたって、一つのきわめて複雑な問題を、それが回避されたり誤解をひき起こしたりすることのないように、指摘しておきたいと思います。さまざまな教科の領域における科学的概念の発達とその過程の比重は、たとえば一方での算数や言語と、他方での社会科や理科とでは、もちろん異なっていることを言っておく必要があります。算数では、子どもは、それで問題を解く教材（たとえば、プールの大きさ）には依存せずに、一定の思考方法を習得します*。社会科や理科で教材となるものは、概念が反映する実際の現実です。したがって、算数における科学的概念の発達のすじ道と社会科における発達のすじ道とは、いくらか違うだろうと思われます。この報告ではその問題についても詳しく述べるべき

＊算数において子どもは、もちろん、方法だけでなく知識をも習得する。その際、教材は重要な意義をはたしている（三五年版編者註）。

でしたが、報告者自身が、このような問題を論じる際にやむなく許されうる下書き的性格や、予備的性格や、単純化という不完全性を意識していることを示すために、この問題にはふれる程度にしておきたいと思います。私がいつになく慎重であるのは、この報告全体を研究協議への準備資料と見ているからです。学校にかんする研究のまさしく始めには、この分野におけるいくつかの研究によって促される推論を考慮しておくことは無益ではないように思われます。

Ⅶ　教育過程の児童学的分析について*

〔訳者解説〕この論文では、言語の教授・学習を事例にして教育過程の内的分析の本質が明らかにされている。すなわち、発達過程と教授・学習過程との非同一性と統一性という見地から、教授・学習がひきおこす知的あるいは内的過程を分析することこそ、教育過程の分析であることが示されている。

以前の論文でも述べられているが、ヴィゴツキーは、一方では発達を教授・学習と無関係にとらえる発達観を、他方では教授・学習がそのまま発達であるとする発達観を批判し、問題は両者のあいだにあるとして、その非同一性と統一性を基本的な命題としている。

言語の教授・学習についていては、書きことばと読み方、つまり「書くこと」と「読むこと」の本質的特徴が明らかにされている。書きことばは話しことばの直接的な翻訳ではないが、それと同じように、読み方は書きことばの翻訳ではない。話しことばと書きことばの発達的「ずれ」という現象は、こうした見方を実証しているが、ヴィゴツキーはさらに、この現象の本質を、話しことばと書きことばのあいだに内言を位置づけることによって解明しようとしている。他者にむけられたことばとしての外言にたいして、内言は自己にむけられたことばであり、それは「ことばと思考の統一」を担う言語である。

こうして、言語の教授・学習が生みだす知的・内的過程は、一方では文法の教授・学習に象徴されるような「意識化」や「随意性」として、他方では、学齢期の心理的新形成物（おそらくは内言と言語的思考）を軸にした話しことば、書きことば、読み方の転回として描きだされている。しかし、この論文では、言語の教授・学習は他の教科の場合とも共通性があるとはいえ、ひとつの事例として述べられており、教育過程の内的分析の本質的特徴を取りだすことが主たる目的であろう。

なお、この論文を補足するとすれば、心理的新形成物についてはヴィゴツキーの「年齢の問題」（第一論文の訳者解説参照）における定義をお読みいただきたい。そこでは、発達は「発達の社会的状況」と「中心的な心理的新形成物」の矛盾としてとらえられ、かつ、「中心的な新形成物」は自分のまわりに他の形成物を配置する構造の中核とされている。また、言語の教授・学習にかんする部分、とくに内言については、『思考と言語』第二～四章を参照されたい。

＊一九三三年三月一七日にエプシュテイン記念実験障害学研究所で行われた報告の速記録である（三五年版註）。

児童学的分析は子どもの教育的側面と教授・学習の側面とをカバーしています。しかし今日は、あらゆる注意を教授・学習過程の児童学的分析の問題に集中させることにしましょう。それは、もうひとつの側面は特別の分析を要するからです。

教育過程の分析は学校における児童学的活動の中心部分を構成していることや、児童学的活動のどのひとつの側面もそうした側面それ自体としてあまり検討されておらず、あまり効果的でもないことに、誰もが明らかに同意しています。これは二つの事情によって説明されるように思われます。一方では、児童学理論の実践活動からの分離によってです。この分離は今日でも感じられるものであり、それは、教育活動の注意の中心に位置するのはしばしば抽象的・理論的問題であり、実践活動は多かれ少なかれ自然発生的に組み立てられていることに現れています。他方では、教育過程の児童学的分析の問題は理論的に検討されていません。通常、児童学全体にかかわるより抽象的な問題は多かれ少なかれ集中的に検討されますが、子どもの知的発達とその学校での教授・学習との関連の問題はたいてい、あまり検討されないままになっています。その結果、児童学者も学校も満足をえられず、彼らはいま得ているものよりも、何かより明瞭で重みのあるものをこの活動に期待する権利がある、といった状態がつくりだされているのです。

児童学的分析とはなにか

実際のところ、学校における教育活動のいわゆる児童学的分析とは何に帰着するのでしょうか。大部分は、これは救急援助の性格をもっています。児童学者は鉛筆と紙をもって何らかの授業におもむき、授業のあいだ座っていて、詳細なメモをとります。そのあとで彼は、一般的判断――どれくらいの子どもが興味をもったか、どれくらい注意力があったか、等々――の観点から、授業を分析します。その結果、最良の場合には授業の教育方法的分析がえられ、児童学者自身が多かれ少なかれ経験のある人間であるところでは、教育方法的分析という意味で、彼は教育者に対して助言者や、指示者や、援助者あるいは、たんなる第二の教育者――アシスタントの役割をはたします。もし彼自身が、しばしば見られるように、何らかの専門教科の教育方法における専門家ではないのなら、教育過程のいわゆる児童学的分析は、授業の構成方法の面では一般的指針に、つまり、どの授業も子どもに興味をもたせるものでなければならないとか、注意をひきつけるものでなければならないとか、作業が交替するように発展しなければならないとか、何らかのダイナミズムをもたなければならない等々といったことに帰着してしまいます。

私たちは何よりもまず、「児童学的分析」という術語によって普通、表示される概念の内容を規定してみることにしましょう。これが第一のものです。

それから第二は、この分析はどのような手段・やり方・方法によって遂行されなければならないか、という問題です。こうした問題に答えるためには、問題の抽象的設定からではなく、学校での教授・学習の個々の側面の分析が正しく行われた成果として児童学が得ている結果から出発することが、より正しいものであると思われます。

もし現在の状態を単純化し、この状態を図式の形でとらえるとすれば、児童学的分析の内容にかんする問題に対して、二つの対立する観点が存在していることが明らかになるでしょう。これら二つの観点は混ざりあった形で、私たちの児童学的分析に関与しています。それとともに、これら二つの観点は最後まで自立的であるわけではなく、第三の観点のために反駁されるはずのものですが、私たちが皆さんに主張したいのは、この第三の観点なのです。

年譜的にいうなら第一の観点はつぎの点にあります。すなわち、子どもは何らかの発達過程をたどっていくことや、この発達過程は彼の学校での教授・学習の可能性のための前提であることが、仮定されている、という点です。発達は教授・学習に先行しなければなりません。教授・学習は子どもの発達の完璧な周期に依拠しなければなりません。児童学者か心理学者の課題は子どもの発達の進行を規定することにあり、そのあとでやっと、教授・学習はこうした子どもの発達の法則に適合していなければなりません。実際、私たちがきわめてしばしば耳にするのは、ある年齢の教育的容量はどれくらいなのか、ということです。子どもたちが学校の一年に通う八歳で、実際に彼らに読み書きを教えなければならないのかどうか、あるいは、いくつかの幼稚園で行われているように、五歳で子どもたちに読み書きを教えることは可能なのか、あるいは、就学準備クラスで行われているように、七歳なのか、という具合に。

こうした問題、つまり子どもに読み書きを教えはじめるのはいつなのかという問題の解決は、いったい何に依存しているのでしょうか。これは子どもの発達過程に依存しています。子どもに読み書きを教えはじめるためには、彼の心理機能が成熟して一定の発達水準に到達することが必要です。たとえば、三歳の子どもに読み書きを教えることはできませんが、それは、彼にはまだ十分に注意が発達しておらず（彼はひとつの作業に長く集中することができない）、記憶が十分に発達しておらず（彼はアルファベットをおぼえることができない）、思考が十分に発達していないからなのです。

この観点の支持者は、記憶・注意・思考は何らかの自然的諸力として自己の法則にもとづいて発達し、また、それらは一定の水準に達しなければならず、そのときにこそ学校での教授・学習が可能になる、と考えています。このように、教授・学習と発達のあいだの関係は、二つの自立系なるものの存在として解釈されています。ひとつの系は子どもの発達過程であり、第二の系は学校での教授・学習過程です。問題のすべては、学校での教授・学習過程を子どもの発達の進行に適合させようとすることにあります。

この観点に立っているのは、わけてもピアジェの有名な研究です。子どもたちは一一歳になるまで、思考を、つまり因果関係の確認を獲得していないので、したがって彼の意見では、彼らの理科や社会科の教授・学習を提起することは、一一歳までは無益だということになります。

●発達と教授・学習——二つの自立系

しばしば、教育学の児童学に対する関係は技術学の物理学に対する関係と同じである、という比喩が使われます。物理学は自然の諸法則それ自体を樹立しますが、技術学はこれらの法則を活用します。それと同じように、心理学と児童学は子どもの発達の諸法則を樹立しますが、教育学はこれらの法則をもとに子どもの教授・学習を打ち建てることになります。この観点は、きわめて古いものであるとはいえ、もっとも生命力のあるものです。この観点の基礎となるのは、一連の児童学者・教育学者・心理学者が今日でもまだ、子どもの知的発達は脳の成熟に直接的に依存している、と考えていることです。思考とは脳の基本的機能であるので、思考の発達は脳の発達に由来する機能であり、脳の成熟の個々の水準と思考の発達水準とのあいだには直接的な依存関係が存在する、と考えられてきました。たとえば、低年齢の子どもは七歳の子どものように思考することはできないとすれば、これは彼の脳が成熟していないことから生じている、というようにです。こうして、発達過程は有機体的性格をもつ過程と見なされています。

この観点にかんして、先進的な欧米の学校の実践に三つの基本的修正がもたらされました。これらの修正は事実上、この観点をほとんど無に帰してしまいました。

●思考水準に合致しない教材の役割

第一の修正はつぎのものです。もし子どもの発達水準が今のところ因果関係を獲得できないものであるならば、このことは、子どもの思考発達のこの段階に照応しないあらゆるものを教材から捨て去る必要がある、ということを意味するのでしょうか。否です。子どもの因果的思考の発達が弱いのであれば、まさしくこの故に、学校は最大の注意を払い、時間をもっとも多く使って、この機能の発達に対して働きかけなければなりません。反対に、学校は子どものなかで十分に発達したものに対しては強力に働きかける必要はありません。たとえば、知覚が以前に発達しているのなら、学校では子どもに聞いたり見たりすることと等々を教える必要はありません。障害児学校の歴史から事例をあげましょう。障害児学校の教育学ではつぎのようなドグマが発達してきました。すなわち、知的遅滞児は抽象的思考が劣っているのであれば、すべての教授・学習は直観性原理にもとづいて構成されなければならない、というドグマです。このように活動した多くの学校がありましたし、今でも、このような学校は抽象的思考を停滞させているのだ、と明確にされているわけではありません。障害児学校の教育学の分野における、とくにドイツでの新しいスローガンは、逆のスローガンです。すなわち、もし知的遅滞児は抽象的思考の発達が弱いのであれば、学校は知的遅滞児におけるこの機能の発達に強力に働きかけなければならない、と。

この第一の修正は、子どもの発達水準は、いま子どもに対して何が必要であって何をしてはならないかの基準とはならない、ということを示しました。

●二重水準理論——発達の最近接領域

第二の修正は、子どもの発達過程は高度に複雑な過程であり、この過程は概してひとつの水準だけではうまく特徴づけられない、と確証されたことにあります。ここから、アメリカの研究のなかで二重水準理論と呼ばれるような理論が発生しました。この理論はきわめて大きな意義をもっていますが、それは、この理論が学校の過程への児童学的または心理学的サービスをどれくらい再構築できるのかを実践的に示したからです。

この考えはつぎの点にあります。子どもの発達は絶えざる変化の過程です。発達は何かひとつの水準の存在によって、つまり子どもが今日、行うことができ、子どもが今日、知っているという水準の存在によって規定されうるのかどうか、と問われます。これは、発達はあらゆる準備なしに遂行されると仮定しているかのようであり、これは、発達はそれが眼に見えるようになったときにやっと始まると見なしているかのようです。実際には、準備はいつも存在し、子どもの発達、その発達過程は独特な萌芽期をもっていることは明らかです。子どもの誕生が誕生の時から始まるばかりか、受胎のときからも始まるのとまったく同じように、本質的には、子どもの発達水準も準備されたものです。本質的にいえば、子どもの発達を今すでに成熟したものの水準によって規定することは、子どもの発達の理解を放棄することを意味します。そうして、このような欠点を解消するために、モイマンや他の研究者は修正を加えたのですが、それは児童学的分析の理論と実践の分野にも修正をもたらしたのです。

この考えの本質はつぎの点にあります。すなわち、子どもが今日、何らかの成熟した技能・能力をあらわにするとすれば、未成熟な形であってもすでに発達の進行のなかにあって、発達を前に動かす、ある機能が彼には存在する、という点です。そのとき児童学的研究の課題となるのは、今日すでに実を結んだことを規定するだけでなく、種がまかれて、まだ開花していないが、明日には実を結ぶであろうことを規定することでもあります。つまり、ダイナミックに発達水準を規定することに着手しなければならないのです。研究が児童学者たちを導いたのは、少なくとも子どもの発達の二重の水準を規定しなければならないという考えでした。すなわち、第一は子どもの現在の発達水準、つまり今日すでに成熟した水準であり、第二は子どもの発達の最近接領域です。つまり、それは、今日はまだ成熟していないが、しかしすでに成熟の途上にあり、すでに発芽し、明日になればもう結実し、明日になればもう現在の発達水準に移行するような、こうした諸機能の今後の発達のなかにある諸過程のことです。

研究が示したことですが、子どもの発達水準は少なくとも、こうした二つの量で規定されるでしょうし、発達の最近接領域の指標となるものは、現在の発達水準と発達の最近接領域とのあいだのくいちがいなのです。こうしたくいちがいは、知的遅滞の子どもとノーマルな子どもの発達過程にとって、大いに典型的なものであることがわかります。さまざまな年齢の子どもたちもまた、異なる発達の［最近接＝訳者］領域をもっています。たとえば、研究が示したことですが、五歳の子どもの発達の最近接領域は二年分に等しく、つまり五歳の子どもには、七歳になると成熟する機能が見られます。七歳の子どもがもつのは、すでにより小さな発達の最近接領域です。こうして、発達の最近接領域の二つの数値は子どもの発達の個々の段階にとって特徴的なものです。

●教授・学習に依存する子どもの機能の発達

発達の最近接領域の研究から、つぎのような結論をひきださなければなりません。すなわち、教授・学習は現在の発達水準ではなく、発達の最近接領域に適応するものでなければならない、という結論です。

最後に、第三の本質的修正が加えられましたが、それは前二者とともに、上述したこと［第一の観点＝訳者］についての観念をほぼ完全に根絶してしまいます。この修正はつぎの点にあります。すなわち、子どもの機能の発達、この発達が自分自身の法則にもとづいてどのように進行するのかを念頭におく必要があるとはいえ、それとともに、この法則は子どもが教えられているかいないかに依存して、異なるあらわれ方をする、ということを見逃してはならないのです。

この方向におけるその後の動きは、先に記述した観点は理論的な根拠に乏しいと認めることに行きつき

「教授・学習」＝「発達」という観点

ました。発達過程はそれ自身で、子どもの教授・学習から独立してすすんでいくのであり、教授・学習はこの過程を技術的に利用し実用化するものであるという命題は疑いにさらされました。教授・学習そのものが強力な要因であり、つまり子どもの発達過程を方向づけたり、速めたり遅めたり、グループ化したりする実際の要因である、と主張されるようになりました。これを最初に述べたのはソーンダイクであり、算数心理学にかんする著作のなかでのことでしたが、そのなかで彼は、教授・学習とは発達である、と主張しました。二つの系――教授・学習と発達――が存在するのではなく、教授・学習は発達過程そのものであり、発達は一定の課題等を解決する習熟や技能の獲得のなかにあらわれる、等々と主張したのです。

モイマンは、記憶や知覚、それらの発達水準の規定について解釈しながら、算数の教授・学習を一定の諸過程に適応させ、分解することについて述べていますが、ソーンダイクは、算数の教授・学習は子どもが学校の指導のもとで通過しなければならない発達のすじ道である、と述べています。したがって、それを通して子どもが順次に知識・習熟の一定のシステムを獲得するような、合理的システムを何よりもまず選択することが必要になるのですが、こうした習熟と知識は発達過程でもあります。つまり、一方は他方と一致するのです。

二つの観点の「和解」

子どもの発達にかんする自分の著書のなかで、こうした二つの対極的観点の和解をはかっているのはドイツの構造心理学の代表者であるコフカですが、それは成功していないように思われます。彼の意見によれば、子どもの発達過程は、古い観点が考えたように成熟の過程から組み立てられ、さらに教授・学習過程からも組み立てられます。教授・学習はやはり発達過程なのです。こうして発達は二つの道をもつことになります。つまり成熟としての発達と、教授・学習としての発達です。経過と起源にかんして、これらの過程は異なっていますが、結果としては同一です。こうして、これら二つの観点は、それらを適用し結合する支持者たちを見いだすことになります。

教育過程の児童学的分析の基礎には、まさしくこうした二つの観点が混ざりあった形で存在しているように思われます。授業における教育過程を分析するときには、発達とは教授・学習である、つまり、子どもの発達は、教科によりそう影のように、一歩一歩、学校での教授・学習と平行して歩んでいく、という観点に立っています。これはソーンダイクの観点です。他方で、私たちはたとえば、このプログラムはこれこれの年齢の子どもたちには適していない、といいます。したがって私たちは、このプログラムをこれこれの年齢の子どもたちに学習可能にするためには、成熟の過程そのものが一定の水準に達していなければならない、と考えています。このように、これら二つの観点はきわめて深く混合されており、教育過程の分析にかんする私たちの普通の理論的作業の基礎となっているのです。

●問題は発達と教授・学習のあいだの関係にある

以上に述べたような二つの観点は根拠のあるものではありませんし、児童学思想がすでにたどってきた発展諸段階にもとづいて、これらの観点がもたらしたものは別の形で定式化されなければなりません。こうした定式を、それを後に具体的内容で充たすために、いまは抽象的・図式的に述べておきましょう。第一に、教授・学習過程を子どもの発達過程と同一視することは正しくないでしょう。これらは同じものではありません。私が今日、タイプライターで書くことをおぼえ、また私には因果的依存関係が発達したとしても、これらは同じことではありません。私が人間の解剖学の一定のコースからある認識を獲得したかどうかということと、私のなかで抽象的思考が前進したことは、これらは同じことではないと思われます。教授・学習過程と発達過程のあいだには差異があります。したがって両過程を同一視することは正しくないのですが、子どもの発達過程は子どもの教授・学習過程とまったく無関係に遂行されると考えることも、やはり正しくないのです。

学校で私たちが扱うのは二つの異なる過程――発達過程と教授・学習過程です。あらゆる問題は、この二つの過程のあいだの関係にあります。

言語の教授・学習にかんする分析

●読み書きの教授・学習――話しことばと書きことばのずれ

教授・学習と発達のあいだの関係に対する基本的諸観点を明らかにしましたので、いまや、具体的資料を整えてから、一般的結論をくだすために――つまり教授・学習過程は発達過程に対してどのような関係にあるのか、教育者は発達を容易にするために何を行うべきなのかを明らかにするために――学校での教授・学習を分析した基本的結果を論じることに移ろうと思います。もっとも一般的なものである言語の教授・学習から始めましょう。学齢期におけることばの教授・学習に注意を向けるとすれば、基本的な課題は子どもが書きことばと話しことばを獲得することにあることが見いだされます。学校に通う子どもはすでに母語を知っていますが、学校では文学的言語の知識を獲得します。子ども自身がたどる、読み書きの教授・学習過程をどのように見ることが正しいのでしょうか。書き方の発達は、テニス遊びや自転車乗りと同じような、純粋な教授・学習の過程であると考えることはできますが、これは、発達とはいかなる類似性ももたない運動的習熟です。別なふうに見ることもできます。すなわち、この過程は、読み書きと結びついた習熟の確立の過程であり、つまり読み書きにおける文字と音声のあいだの連合の確立であり、これは発達過程である、と見ることもできます。こうして今日、新しい方向をめざしたほぼすべての研究が反対しているような古典的定式が生まれます。この観点は、読み書きは子どもにとって何ら新しいものを提起しないし、また書きことばは話しことばを文字記号に翻訳したものに他ならない、と述べています。反対に、読み方の場合には、文字記号が話しことばに翻訳されます。しかしながら、研究は、それによって学校における読み書きの心理学にかんする一連の研究が成長をとげた分析の故に、中心問題につきあたります。明らかに、さまざまな国のあらゆる子どもにとって一般的な規則であるのは、読み書きをならった九歳の子どもは書きことばの発達の面で、つまり文を理解し文を書く能力の面で、自分の話しことばより、きわめてはなはだしく遅れていることです。学校で二年間の教授・学習の課程を終えた九歳の男の子は、二歳の子どもが話すように書きます。すなわち、彼の話しことばと書きことばのあいだの差異は、七年という巨大なへだたりをつくりだしているのです。この場合、このへだたりはいくぶんは変化しますが、学校での最初の学習段階の全期間にわたり、このへだたりはきわめて著しいものでありつづけます。

読み書きをならった子どもが九歳の子どもとして話すのに、なぜ、二歳の子どもが話すかのように書くのか、と質問されます。なぜ彼は、話しことばを媒介にして伝達されたお話を九歳の子どもとして理解するのに、初等読本に印刷されたお話は、二歳の子どもが話しことばを理解するようにしか、理解しないのでしょうか。書きことばと話しことばの水準におけるこうしたきわめて大きな差異は、何によって説明されるのでしょうか。繰り返しますが、観察が示したところでは、話しことばを立派に獲得した子どもが、短い二語文を、つまり二歳よりも小さな子どもが話すように、書くのです。話しことばなら、この同じ九歳の子どもは、従属文などをもった長いフレーズを話します。九歳の子どもの書きことばのなかには、名詞と動詞が見られますが、形容詞が見られるのはきわめて稀です。こうして、この子どもの書きことばにおいては、文法と構文は鋭くデフォルメされています。

一連の児童学者が行った研究は別の理論（わが国では、これはブロンスキーの観点です）——ずれの理論を提起しましたが、この理論によると、新しい機能を獲得する場合、子どもには、彼が他の、身近となった機能をより幼い年齢期に獲得したときに出会ったような困難が反復されることになります。たとえば、話しことばを獲得するとき、子どもは発達における一定の諸段階を通過しますが、ずれの理論によれば、書きことばの獲得にあたって彼はこうした諸段階をすすまなければなりません。事実的側面からすれば、この理論に反駁するものは何もありません。学校での書き方の教授・学習の諸段階と、子どもによる話しことばの獲得の諸段階とのあいだに、形式的類似性があることは、正しいことです。

しかし実際には、これは私たちに何も説明していません。これは問題を――なぜ、これがそのように生じるのかを――提起しているだけなのです。これに類した説明がまったく根拠のないことを示すために、この問題――「なぜ」――は提起するに値します。なぜ、二歳の子どもは上手にしゃべれないのでしょうか。これを私たちは容易に理解できます。二歳の子どもには語の蓄えが少なく、彼はあまり発達しておらず、彼は構文形式をもっていないのです。しかしそれでは、なぜ、九歳の子どもがあのような貧弱な語彙で書くのでしょうか。これは私たちには理解できません。なぜなら、彼には書きことばのために、話しことばのためと同じだけの語彙があり、彼は構文の構成もよく知っているからです。この現象の原因が同じモメントであれば、これは容易に理解できるでしょう。しかし実際には、あらゆる問題は、これらの原因がまったく同じではないことにあります。明らかに、事柄はつぎのように進みます。すなわち、語や、読む技能や、構文論や、読み書きのメカニズムを、子どもはその二年間の教授・学習のあいだに完全に習得しましたが、書きことばにおける同じ構文論と同じ語彙が、話しことばとは違う形で使用される、というように進むのです。明らかに、これらすべてはまったく別の形で使用されています。

●九歳の子どもの書きことばの貧しさ

そうであるなら、実際に書きことばは、話しことばを文字記号にたんに翻訳したものであるのかどうか、という問いが生じます。事実が物語るものは、自分の印象を生きいきと繰り返し話す子どもが、その印象について貧しく、しおれたように、くだらなく書くことです。ドイツの研究者であるブーゼマンは、口頭によるお話が豊かで生きいきしていることを特徴とする子どもが、手紙を書かなければならないときには、まったく違うように振るまっていることに、注意を払いました。この子は「親愛なる兄弟のフランツ、僕は君に手紙を書きます。君のハンスより」と書いています。この子が話しことばから書きことばに移るとき、彼は愚かになった、といった印象を受けます。ある研究では、子どもたちに絵についてことばで記述するように提案されました。ある全体的なものとして、また個々の部分の相互の関係という観点から、絵について話しことばで語る子どもが、絵を書きことばで表しはじめると、彼は第一段階か第二段階（対象・行為の命名）にいることが明らかになります。この研究のすべてを詳しく述べずに、その結果をとりあげるとすれば、書きことばは学齢児にとって大きな困難を呈示し、彼の知的活動をより低次の水準にひきさげますが、それは、この知的活動が、話しことばにあったのと同じ困難を含んでいるからではなく（それはまったく存在しません）、別の事情のために生じたことになります。

●書きことば——イントネーションの欠如

第一の事情について。一連の研究は、書きことばは話しことばよりも抽象的であることを示しました。第一に、書きことばが抽象的であるのは、これはイントネーションのないことばである、という面にあります。子どもはことばそのものよりも早く、イントネーションを理解します。私たち大人は、個々の語ではなくフレーズ全体を聞いて、広くことばを理解します。具体的なことばから、音楽の女神のイントネーションを失ったことばに、つまり抽象的なことば、ことばの影に移行することは、幼児前期に事物から語に移行するよりも、子どもにははるかに困難なことなのです。幼児前期の子どもは眼の前にある対象について話をしますが、この対象が眼の前にないときには、話すことができません。したがって、具体的対象から会話に移行することは、彼には大きな困難をあらわします。ボーリンガーが指摘するように、さらに大きな困難をあらわすのは、この面でいっそう抽象的である書きことばに移行することなのです。

●話し相手のいないことば

第二の事情について。書きことばは、それが話し相手なしで行われるという意味でもまた、抽象的です。あらゆる生きたことばは、私が話し、皆さんがそれを聞いている、あるいは皆さんが話し、私がそれを聞いている、といった状況を前提にしています。子どもは対話に、つまり彼が話して今度は何らかの応答を受けとるという状況に慣れていました。会話の状況なしに話すということは、抽象化のより大きな段階ですが、それは、自分で聞き手を想像しなければならないし、いまここにいない人に対して話さなければならないし、その人がまるでここにいるかのように思い浮かべなければならないからです。これもやはり、この年齢期ではまだわずかしか発達していない抽象化を子どもに要求するものなのです。幼い年齢期の子どもは普通の会話のときよりも、電話でははるかに愚かである、というシャルロッテ・ビューラーの観察はきわめて興味深いものです。皆さんがすでに子どもに電話での会話を教えたとき、その会話の形態は生きた会話の形態よりもはるかに原始的なのですが、見えない人と話をすることは子どもには困難であるからです。ここでの明白な差異が私たちにもあることは、大人に対する観察からも知られています。

これらのモメントに、つまり、書きことばとは実際の音声のないことばであることや、私たちがもつことばの活動から遊離したことばであることや、沈黙のなかを過ぎゆくことばであることに注意を払うならば、ここにあるのは、直接的な意味におけることばではなく、音声的シンボルのシンボル化、つまり二重の抽象化なのです。私たちは、書きことばの話しことばに対する関係は代数学の算数に対する関係と同じであることを見いだすでしょう。

書きことばは、動機の面からも、話しことばと異なっています。つまり、動機は子どものことばの始まりに位置しています。証明されているように、欲求は話しことばの発達における不可欠の前提ですが、一連の子どもたちには、ことばの欲求が発生しないために、しばしば幼児前期にことばの発達が存在しません。ノーマルな乳児の場合、どの活動も社会的状況のなかに編みこまれています。乳児はきわめて非自立的で、あらゆることを他者を通して行います。——彼は母親がいなければ、食べることも着ることなどもできません。乳児にはことばへの欲求が発達しますが、同時に、話しことばはまだ存在せず、あらゆる擬似的手段——表情のある泣き叫び、喃語、合図など——がその代わりをしています。このように、ことばへの欲求の発達は話しことばの発達に先行するのです。

あらゆる活動は、その活動を育むエネルギー源を必要とします。ことばはたえず、何のために人は話すのかという一定の動機をもっています。話しことばの場合、動機をよく考える必要はありません。会話のどの新しい折り目でも必要なつぎのフレーズが生まれ、そのあとには、つぎの補足的フレーズが生まれる、等々です。このように、話しことばは動機を生み出します。書きことばの場合には、私たちは自分で状況をつくりだし、ことばの動機をつくりださなければなりません、つまり私たちは話しことばの場合よりも、より随意的に行為しなければなりません。すでにヴントは、書きことばはその始まりから、意識化と意図、意志的機能と結びついていることに、注意をはらいました。一連の研究は、書きことばにおいて子どもは語る過程をより大きく意識化しなければならないことを示しました。子どもは話しことばを、そうした完全な意識化なしに獲得します。幼児前期の子どもは話しているが、自分がどのように話しているかを知りません。書きことばの方では、子どもは考えをことばで表現する過程そのものを意識化しなければなりません。

この点についていくらか詳細に述べ、それとかかわって、文法にかんする一連の研究に触れることにしましょう。これらの研究は、児童学が教授・学習の分野で何をもたらすのかという点で、もっとも興味深いものであるように思えます。ここで、私たちは、学校での教授・学習過程における子どもの知的発達の本性にかんする根本問題を提起したいと思います。

●文法の教授・学習の意味

文法は子どもの教授・学習において独特な位置をしめています。すでにヘルバルトは、文法は学校の教科の一般システムにおける並はずれた例外であることに注意をはらいました。普通、学校の教科は、その例として算数をあげることができますが、その教授・学習の結果、子どもが以前には獲得していなかった技能・習熟を彼に育てることを特色としています。子どもは、かけ算やわり算をすることなく入学し、それらを獲得して卒業しますが、これは私たちが知っているとおりです。しかし、文法の教授・学習の結果、私たちはどのような新しい技能も与えてはいない、とヘルバルトは述べています。実際、子どもは入学前にもう、格変化や動詞の変化を行い、構文論的に正しく文を構成することができるので、文法は、その教授・学習の前に彼ができなかった新しいことは何も彼に教えてはいないのです。私たち大人が外国語を学習するときには、私たちは正しく話すために、実際のところ、動詞の変化や格変化から始めます。しかし、三歳の子どもがすでにことばを獲得し、五歳の子どもが格変化と動詞の変化を獲得しているではありませんか。こうして、文法とは空疎で不必要なトリックであるとか、文法はスコラ学的に子どもを利口ぶらせるものにすぎない、という考えが生まれました。しかしながら、文法の教授・学習のもつ注目すべき性質であるのは、何らかの技能を獲得してそれを使用することができるのに、自分がそれをできることを知らない、という点なのです。格変化を行うことができるが、自分が格変化を行っていることを知らない、等々という点なのです。モリエールの喜劇のなかには、主人公が教師から、彼は散文を朗読しているのだが、この様式は詩とは違って散文と呼ばれていることを知る、というくだりがあります。子どもは散文を朗読することはできるのですが、どのように朗読しているかは知らないのです。

子どもは文法の学習のおかげで新しいものを獲得しており、そのために子どもには文法が必要である、と問題が設定されるなら、文法はきわめて本質的な役割を演じていることが明らかになるでしょう。もし私がいくらかの技能を獲得しているのに、自分がそれを獲得していることを知らないとしても、私はそれを自動的に使用します。私が無意識にできることを随意的に行わなければならないとき、しかるべき状況が欠如しているもとで、これを行うことはきわめて困難なことでしょう。

子どもと病人に対する実験をとりあげてみましょう。ことばがいくらか崩壊したもとでは、病人は何かを語ることはできますが、彼は語ることができるのを知らないという状態が、きわめて頻繁に発生します。随意的に話さねばならない場合に、彼は話すことができないのです。このことはヘッドの研究で示されています。「このモノは何といいますか」と病人に質問すると、彼は「この小箱が何と呼ばれているのか知りません」と言うのです。研究が示したところでは、子どもたちはまず類似のものに反応し、後に異なるものに反応します。この現象の原因は、子どもたちは、それと意識化せずに、類似したものに反応しており、異なるものに反応するためには、それを意識化しなければならない、という点にあります。クレパレード

●ガラスの理論——意識化の問題

はこの法則から、不適応性は自分が行うことの意識化へと私たちを移行させることを導きだしました。

文法の教授・学習にあたっても、同じことが存在しています。子どもは会話のなかで格変化や動詞の変化を行っていますが、そのために自分が何をどのように行っているのかを知りません。したがって、子どもがこれまで無意識に行ったのと同じことを随意的に行うことが彼に必要になる場合、彼はそれを行いえないことがわかります。さらにひとつの事例をあげて説明しましょう。一連の実験研究はこうしたことを――「ガラスの理論」とよばれるものを示しました。つまり、透明なガラスを通して対象を見るとき、ガラスには気づかないのです。子どももまったく同じです。子どもが話しているとき、私たちが透明なガラスに気づかないように、彼はことばそのものに気づきませんが、それほど、彼の語と行為の背後にあるような、語が表示する対象や考えに心を奪われているのです。子どものあらゆる注意は、語の背後にあるものに向けられています。したがって、子どもは自分がどのように話しているのかを知らないのです。さらに別の事例をとりあげましょう。ほとんど誰もが、どのようにロープの結び目をつくるのかを話すことができませんが、どの人も結び目をつくることができます。この種のことが、子どものことばにも起こるのです。彼は、自分がどのように話しているのかに気づきません。したがって、彼は、多かれ少なかれ自動的に話しているときに、話をすることができるのです。すでに述べたことですが、書きことばはことばを随意的に構成することを子どもに要求するものです。書きことばでは、彼は自分がどのようにことばを構成しているかに注意を払わなければなりません。つまり、書きことばでは、彼はこの透明のガラスを見なければならないのです。

話しことばと書きことばのあいだのきわめて大きなへだたりは、子どもが話しことばにおいて無意識に行うことを書きことばでは随意的に行わなければならない、ということによって説明されます。書きことばでも、子どもはことばそのものではなく、語の背後に、ガラスの背後にあるものに注意を向けなければなりません。子どもの注意は、彼が無意識に行うことができるものを随意的に構成することにあまりにも心を奪われるので、そのために彼にあっては意味がひどく犠牲になります。両方をたちどころに行うことは、彼にとって明らかに力相応ではないのです。明らかに、書きことばの発達と文法の教授・学習とのあいだにはきわめて密接な連関があり、その密接さは、書きことばの発達のまずさのもっとも部分的な原因のひとつが文法の知識の欠如にあるほどなのです。こうした方向に進んでいる、きわめて注目すべきいく人かの研究者は、知的遅滞児にとって、書き方を実際に習得することは文法を実際に習得するという問題である、と述べています。これがそうであろうがなかろうが、いずれにせよ、文法理解の発達と書きことばの発達のあいだには、つまり、自分自身が行っていることを子どもが意識化することと、書きことばを随意的に構成することとのあいだには、直接的できわめて大きな依存関係が存在するのです。

●随意的なことば

書きことばだけが随意性を必要とすると考えるのは、正しくないでしょう。一定の目的を念頭において考えを伝えることはどれでも、随意性を必要とします。あらゆる報告は、それが口頭形式で行われようと、状況的なことばではなく、随意的なことばの事例をあらわしています。話し手の注意は、ことばについて深く考察しないような過程や、状況に依存してことばを構成する過程とは違って、ことばの構成過程そのものに、広く向けられています。知的によく発達した子どもたちの場合、単純なお話を口頭で繰り返すときに困難が見られますが、それはつまり、彼らに困難を感じさせているのは、話しことばにおいて随意的に構成することなのです。

●内言と書きことば

さらに、書きことばは、話しことばが内言に対してもつのとは別の関係を、内言に対してもっています。子どもの発達の歴史では、話しことばは内言の先行者です。子どもは大きな声で話しはじめ、後に自分のために考えはじめます。書きことばは内言の後に発達して、内言への直接的な依存関係をもちます。

精神病理学のなかで確認された事実を、学齢期において発生的視点から確認するような一連の研究に移ることにしましょう。ジャクソンの意見やヘッドの意見によれば、書きことばは内言への手がかりです。実際のところ、書きことばは、私たちが語りたいことの何らかの熟慮や、語りたいことの頭のなかでの誕生を前提にしています。話しことばでは、まず自分のためにフレーズを定式化して、しかる後にそれを口頭であらわす、といった二つの系のことばはけっして生まれないことを、私たちは知っています。書きことばはたえず内言の機能化を必要とし、内言に直接に依存しています。

他の街にいる友達に子どもが手紙を書くとき、彼は自分がつくりだした状況のなかを進まなければなりません。子どもが眼の前に見ているのは、一枚の紙と鉛筆です。その状況は彼に語るべきことを暗示しないので、彼は書くためのより抽象的な内的動機をもたねばなりません。このことは、一定の自由と、文字の意味的織物を広げることとを要求します。これ以外にも、内言との関連のおかげで、書きことばには話しことばとは別の構文論が発生します。これを簡単に説明しておきましょう。

内言は話しことばとは別の構造のうえに構築された、より短い、速記録的なものです。内言はその構文の構造からすれば、電報の文体が大いに使用されるようなことばです。断片的なコメントは明らかに非文法的であり、ほとんどもっぱら述語的であり、つまり、ただ述語だけでつくられています。もし私が話をしなければならないなら、私は文のなかに、主語と述語、しばしば修飾語や補語などを入れます。しかし内言にかんしては、私自身は自分の考えを知っており、何を考えているのかを知っているので、したがって、私の内言は一連の述語からできているのです。

書きことばは最大限に展開的なものですが、それに対して、話しことばにおいては、私たちははるかに短く、少しの構文的結合で述べることができます。皆さんが知っているように、書くように話す人は、つまり、書きことばの場合のように、話しことばに過度の抽象性をもちこむ人は多くいます。話しことばは短く圧縮されたフレーズをもちます。もし「あなた、お茶を一杯、いかがですか」と尋ねられても、「いいえ、ありがとう。私は一杯のお茶はいりません」とはけっして答えませんし、私たちははるかに短く答えます。こうして、話しことばは、書きことばと内言のあいだの中間的位置をしめます。一方は最大限に構文的に定型化されたことばであり、他方は最大限に圧縮され短縮されたことばです。書きことばを獲得しなければならない学齢児は、最大限に圧縮されたことばを最大限に展開されたことばに翻訳するという課題の前に、つまり、話しことばの獲得とは比較にならないほどの困難性をもつ課題の前に、立っているのです。

●内言・話しことば・書きことばの位置

内言を書きことばに翻訳する過程が並はずれて困難であるのは、内言が自分のためのことばであるのに対して、書きことばは、自分の語ることを理解しなければならない他者のために、また自分がどう書いているかを見ていない他者のために、最大限に構成されているためです。問題となるのは、その基礎にかんして子どもには対立的であるような諸活動を結合する点なのです。

上述のことのすべてをまとめるなら、学齢児の話しことばと書きことばのあいだのきわめて大きなくいちがいが明らかとなります。事実、私たちは書きことばを、新しい形態のことばの発生過程と見なさなければなりません。そして、このことばは、他の形態のことばとは構造的・機能的に別な関係にあり、自己の発達法則をもっているのです。

●読み方の特質

さて、読み方の研究のいくつかの結果について述べようと思いますが、それは、これらの結果を用いて一般的結論を導きだすためです。読み方の分野における現代の研究がもたらす基本的な結果は、三つの命題にあらわされます。第一の一般的命題あるいは、より正しくは、二つの否定命題はつぎのものです。すなわち、書きことばが、話しことばの文字記号へのたんなる翻訳ではなく、子どもが獲得しなければならない新しい形態のことばであるのとまったく同じように、読み方は文字記号の話しことばへのたんなる翻訳ではなく、明らかにきわめて複雑な過程である、というものです。そのつぎの命題は、読み方は、書きことばと比べて考えられているような、逆の過程ではない、という点にあります。ビネーは読み方と書き方のあいだの関係を、同一の過程の逆運動と見事にとらえました。つまり、言うなれば、私が最初にパリからリヨンまでの切符を買い、二回目にリヨンからパリまでの切符を買うときの、二つの行程のあいだの関係と同じものととらえました。実際のところ、この命題は正しくありません。読み方は明らかに、書きことばと比べて完全に別のレベルの過程であり、これは、書き方とは無関係に子どもが習得しなければならないものです。

まずはじめに、読み方の本性について述べてみましょう。注目すべき三つの特質があります。第一ののは、つぎの点にあります。すなわち、読み方は、文字記号とそれに対応する音声とのあいだに単純な連合を確立することではなく、読み方は、思考の一部における高次精神機能が直接に参加する複雑な過程であるという点に、また発達した読み方と未発達な読み方は子どもの思考の発達に直接的な原因をもっているという点にあります。このテーゼは、ソーンダイクの実験モデルで論証されました。ソーンダイクによれば、基本的な命題はつぎの点にあります。すなわち、読み方はきわめて複雑な過程であり、文の多くの要素の各々を秤にかけ、お互いのしかるべき関係のなかに各々を組織し、ありうべき意義のうちからいくつかを選択し、他のものを捨て去り、最終的な応答をひきおこす多くの力を一緒に働かせることを必要とする、という点にあります。実際のところ、単純なテクストにかんする単純な質問への応答の働きも、典型的な考察に固有なあらゆる特色を含んでいることが見いだされる、とソーンダイクはさらに述べています*。

*ソーンダイク『思考としての読み方』(三五年版註)

多くの子どもたちが読み方のいくつかのモメントで失敗に苦しみますが、彼らが苦しむのは、事実や原理を理解し覚えたが、それらを組織し使用することができないためではなく、いいかえれば、彼らがそれらを理解したが覚えられなかったためではなく、彼らがそれらをまったく理解していなかったためなのである、とソーンダイクは述べています*。

*同前

ソーンダイクはアメリカの学校の多くの学級で、子どもたちに一連の簡単なテストを行い、そのあとで、子どもたちがどの程度、与えられたテクストを理解したのかを明らかにするような質問をしました。研究が示したことは、話しことばをすばらしく理解する、発達のきわめて後の段階にある子どもたちも、読みの過程で簡単なテクストを理解するうえでは、いたましいほどに停滞することでした。

●テクスト理解の困難性

この研究のあらゆる結果をとりあげようとは思いませんが、子どもがフレーズや文全体のなかでひとつの語にあまりにも大きな意義を付与し、他の語の意義を過小評価するならば、きわめて簡単なテクストが子どもの理解には困難なものになることを示す、そうした結論だけを述べることにしましょう。話しことばにおいて、理解を助けているのはイントネーションです。子どもは論理的なアクセントを追い、イントネーションの展開を追って、何が問題になっているかをとりだします。読み方では、子どもは、印刷されたテクストで表された抽象的状況において、これらすべてを随意的に行わなければなりません。これらすべてが示していますが、テクストの理解は、語たちのしかるべきバランスのとれた比重が保たれていることや、あるいは読みの目的を充たす結果がえられないうちはバランスが変化することを前提としています。お話の理解は数学における課題解決と似ています。それは、状況の正しい諸要素の選択や、正しい相互関係のなかでの諸要素の結合に、それから、その諸要素の各々に正しい比重、重要性の影響や程度を与えることにあります。お話あるいは書かれたものの読み方は、高次の知的過程と認められるようなタイプや組織の思考の分析活動を前提にしている、とソーンダイクはさらに述べています*。したがって、読み方と、ビネーらのテストに類似した、言葉による補足にもとづくテストの解決とのあいだの相関がきわめて高いことは明らかです。

速読の場合、答えをよく考えることができないために、つまり答えが浮かぶとすぐに答えを検討して採用するか捨て去ることができないために、読み方は正しくなくなり、あるいは適切でなくなることがある、とソーンダイクは述べています。読んだことについての質問に対して間違って答える生徒の多くは、もしつぎのような形で対話をするなら、彼らは正しく答えるでしょう。すなわち、「少女が学校に行ってはいけない日は、学校がある日だ、というのは正しい？　それとも正しくないの？　少女が学校に行ってはいけない日は、学期の始まりだった？」等々*。

行の上をすべり、何が問題になっているかを大まかに感じている、しかし各フレーズに含まれる考えの、しかるべき各々のニュアンスのなかにまったく入りこまず、あるフレーズを他のフレーズに結びつけてい

*同前

*同前

ない——このようであっても、読むことができることを、私たちは知っています。しかし、これらすべてが明らかになるように読むこともできます。この第二の過程は、高次の知的活動と密接に結びついています。書きことばとのアナロジーで言うなら、子どもは話しことばを理解するようには、読み方を理解しない、ということができます。読み方の場合、彼が話しことばを普通に理解するときに多かれ少なかれ無意識にたどる過程を自分で能動的にたどるように、彼は随意的に理解しなければならないのです。したがって、教授・学習理論において、私たちは生徒の読み方を、読んだことを数えあげたり使用したりする作業とはまったく違う水準にあるような、機械的・受動的・ステレオタイプ的な作業と見なしてはならない、とソーンダイクは述べています*。

読み方は知的活動を必要とすることや、読み方は話しことばの理解よりも、より知的で、より意識的で、より随意的であることが、明らかになりました。他の研究も同じように指摘しているのですが、読み方の過程、読み方の教授・学習もまた内言の発達と密接かつ内的に結びついており、内言の発達がなければ、つまり沈黙して、読まれた語のニュアンスを自分のために読みとり、語に内的イントネーションを付与する能力がなければ、この過程は不可能となります。

*同前

発達にたいする教授・学習の役割

ここで事実資料の論述は終わりにして、いくつかの結論をひきだしてみましょう。こうした結論は、もし他の側面をもより詳細に検討するなら、いっそう説得力があり、明瞭なものになるでしょうが、しかし基本的には、それは今のままでも、この結論はその力を保持しています。私たちが読み方の分析や書き方の分析から知ったことは、何でしょうか。私たちは理科や算数から、それと類似したものを知りましたが、しかし、これは子どもの発達の他の側面です。私たちはいくつかの重要な事柄を知りました。それらの事柄各々の正しさと誤りを分解した形で検討・解明するために、それらを定式化しておきましょう。

第一に、読み方の過程は、習熟の機械的な連鎖を確立するものではなく、タイプライターを打ったり、泳いだり、テニスをしたりすることができるのと類似したものではない、ということがわかりました。それはそのような外から教えこまれる過程ではありませんが、他方で、それは、教授・学習過程と一致する発達過程ではないこともわかりました。書きことばを教えられる子どもがたどらなければならない発達の内容は、彼が学校で授業のなかですすんでいくすじ道と一致するものではないことも見いだされました。学校の授業では、彼には一連の文字が示され、明日は五つの単語が示され、明後日にはこれらの語が読まれます。発達の進行は教授・学習のこれらの構成部分の後ろに、対象に対する影のように、ついていくものなのかどうか、と質問されます。

私たちは研究をもとに、書きことばは話しことばよりも抽象的であることを指摘しました。しかし、はたして学校での書きことばの教授・学習過程で、私たちは抽象化を教え、随意性を教え、内言を教えているのでしょうか。ところが実際には、これらすべては、書きことばを自分自身の所有物にするために、子どもが獲得しなければならないものなのです。この点で、発達過程は、それが教授・学習過程と一致しないことを示しています。

読み方についても同様です。読み方は個々の語の理解を必要とするとしても、はたして私たちは子どもたちに、これを授業で教えているのでしょうか。否です。私たちの教授・学習は完全に別の内容をもっています。こうして、これらの研究が示すように、子どもが読み方や書きことばを獲得するためにたどらねばならない発達過程は、本来の意味での教授・学習過程とけっして同一視されうるものではなく、また一体化するものでもないのです。子どもの発達過程、彼による書きことばと読み方の獲得の過程はけっして、対象の後ろによりそう影のようには運動しないのです。

したがって、私たちがこれまで述べてきた問題にかんして、発達過程は脳の成熟に直接的に依存した発達の何らかの進行であるというテーゼも、発達過程とは教授・学習過程であるというテーゼも、発達は成熟プラス教授・学習であるというテーゼも正しくない、ということができます。私たちは教授・学習と発達とのあいだの関係の別の理解に近づいています。教授・学習過程は子どものなかに一連の内的発達過程をひき起こしますが、それは、この発達過程を生じさせ、歩ませ、この過程の発端をつくるという意味で、ひき起こしているのだと思われます。しかし、こうした、教授・学習によって産出された内的発達過程の進行と、学校での教授・学習の進行とのあいだには、それらのダイナミズムのあいだには、平行関係は存在しません。そうであるが故に、教育過程の児童学的分析の第一の課題となるのは、学校での教授・学習の進行によってひきおこされ、生じさせられる知的発達の過程を解明するものであると思われます。したがって、それは、子どもが学校の教科を習得することができるようになるための土台として、彼の注意と記憶それ自体がどのように発達したかを一歩毎に確認することではなく、あたかもレントゲンの光によるかのように、発達の内的過程を解明し、学校での教授・学習によって生じる発達過程を解明することなのです。概して、児童学的研究の対象であるのは、もちろん教育方法的分析ではなく、発達の分析です。もしこれらの研究が示していることが正しいとすれば、つまり、書きことばを獲得している子どもは、新しい複雑な形態の活動と結びついたまったく新しい形態のことばを獲得しているのであり、この新しい形態の活動は書きことばの教授・学習過程のなかで確立され、発達させられなければならないということが正

●教授・学習が産出する知的過程の分析

しいとすれば、明らかに、教育過程の児童学的分析の課題となるのは、教授・学習の働きを一歩毎に解明することではなく、学校での教授・学習の進行によって生じさせられ、また学校での教授・学習過程が効果的か非効果的かが依存しているような、内的発達の過程を分析することなのです。

すでに述べたことですが、学校では抽象化それ自体は教えられていませんし、随意性それ自体も教えられていません。しかし、もし書きことばの教授・学習の進行がどのようにして私たちの子どもにこの発達過程を生じさせているかを、分析の助けによって示すことに成功するならば、このことは、読み方を教えられている子どもの頭のなかでは何が行われているかを教師に明らかにすることを意味するでしょう。また教師は、最終的な操作によって判断するのみならず、生徒が言語や算数や理科を教えられているその期間に彼自身の意識のなかで何が行われているかを判断できることを、教師に証明することができるでしょう。したがって、教育過程の児童学的分析の課題は、各教科のために、教授・学習の各部分のために、教授・学習過程において子どもの頭のなかで何が行われているのかを示すことにあります。算数の教授・学習を児童学的に分析することが意味するものは、授業を説明し、たし算の規則を説明しなければならないことではなく、算数の教科のなかには存在しないものを分析しなければならないことであり、たとえば、子どもが十進法にもとづいて計算し、たし算をすることができるが、同時に十進法の概念をもっていないこと（これは決定的な中心点です）を証明しなければならないことです。

子どもが、たとえば社会科や理科のよく知られた概念のどれかを理解することを学ぶ（たとえば、物質の気体状態とは何かを理解し、この問いに答えられる）とき、この概念は彼にはすでに意味づけられた語である、と普通は考えられます。子どもが自分の考えを表現するその瞬間に発達過程は終わる、と考えられてきました。研究が示していることですが、この瞬間に発達過程はやっと始まったばかりであり、これはこれからの概念発達の出発点にすぎないのです。

私たちはもっぱら観察の結果として、子どもの概念がどのように発達するかを語ることができます。研究が示していることですが、子どもの科学的概念の発達はいくらかは生活的概念と一致しますが、いくらかは区別されます。したがって、理科を分析するときの児童学者の課題は、ある具体的な授業で、何が子どもにわかり、何がわからなかったか、子どもは何を理解し、何を理解しなかったかを点検することにはなく、子どもが理科や社会科などの教授・学習の影響のもとでたどらなければならない、ある分野での概念発達の内的過程の基本的なすじ道はどのようなものかを示すことにあります。教育過程の児童学的分析の異なる定義は、異なる教育方法的・実践的結論をもたらすように思われます。この定義は、教育者が児童学的分析から何を期待しなければならないか、この分析の面で何をすることが必要なのかを解明します。そうした援助というものは、それが教育過程から個々に抜きとられた部分や断片の各々の、単純な直接的サービスの上に構築される場合とは、いくらか異なる形で構築されなければなりません。

●新しい獲得としての書きことば

さて、研究の結果、教授・学習過程と子どもの発達過程のあいだに存在する現実的関係を確証していると思われる基本的仮説を述べることにしましょう。私たちは二つの命題を知っています。第一に、書きことばは条件つきで言えば、新しい獲得であり、つまり子どもが獲得しなければならない、また発達過程における以外には獲得されない何らかの新しい機能です。ただ教授・学習過程そのものにおいては、それは獲得されえないものです。

●学齢期の心理的新形成物

第二に、私たちが知っているように、書きことばはどの年齢期においても発達するわけではありませんが、私が述べた教授・学習のすべての分野――書きことば、読み方、文法――は、その基軸のまわりで回転するかのように、学齢期の新形成物のまわりをたえず回転しています。私たちが知っているように、学齢期に内言が発生するのは偶然ではありませんし、読み方も書きことばも内言というこの極点のまわりを回転していることも明らかに偶然ではありません。学齢期にとって中心的であるのは高次精神機能の発達であり、読み方と書き方の新しい機能が随意性のまわりで回転していることも、私たちは知っています。また、学齢期に子どもは語義つまり概念の発達における新しい段階に移行することも、私たちは知っています。社会科と理科の概念の獲得が子どもにとって、まさしくこの段階で可能になることも偶然ではありません。

このように、学校での教授・学習のこれらすべての過程の本性が、学齢期の新形成物という基軸のまわりをたえず回転するような、つまり学齢期に存在する中心的変化のまわりを回転するような発達過程を必要としているのは、偶然ではありません。

●発達の先回りをし、最近接領域をつくりだす

つぎの命題について。教授・学習は、それが発達の先回りをするときに、真の教授・学習になります。もし教授・学習がすでに発達した機能を使用するだけであれば、私たちはタイプライターの教授・学習と似たような過程を扱っていることになります。タイプライターの教授・学習と子どもの書き方の教授・学習のあいだの差異を明らかにしましょう。両者の差異は、私がタイプライターを打つことをはじめたとしても、職業資格を得ることがあるとはいえ、私は高次の段階に高められることはないという点にあります。子どもの方は技能を獲得するだけではなく、彼の関係とことばの体制全体が変革され、ことばは無意識的なものから意識的なものになり、ことばは自分のなかの技能から自分のための技能になります。発達の先回

りをする教授・学習だけが、よい教授・学習でありましょう。

私たちは、学齢児の書きことばがきわめて貧困であり、九歳の学齢児は二歳の子どもが話すように書いている、ということから始めました。読み書きができる学齢児が読み書きのできない子どもと異なっているのは、一方は書けるが他方は書けないという点によってではなく、一方は他方とは違う知識の構造のなかで前進しているという点によってなのです。彼は自分自身のことばに対する、したがって、思惟を形成する基本的な手段であることばに対する完全に別の関係をもっています。書きことばは、子どもにはあまり成熟していなかった機能を必要とします。こうした機能は書きことばの教授・学習過程のなかで形成されます。これは人類にとって文字言語が発明されたときにはじめて可能になりました。したがって、よい教授・学習とは、発達の先回りをするものなのです。

子どもの発達における教授・学習の役割は、教授・学習が子どもの発達の最近接領域を創造するという点にある、と考える根拠は十分あります。

教師は教授・学習過程のなかで、一連の萌芽をつくりだします。つまり、実を結ぶためにはその発達のサイクルをたどっていかなければならないような発達過程を生じさせます。発達過程を素通りするなら、何らかの新しい考えを子どもに、直接的な意味で植えることはできませんし、子どもを外的活動に、たとえばタイプライターを打つことに慣れさせることができるだけです。発達の最近接領域を創造するためには、つまり内的発達の一連の過程を生みだすためには、正しく構成された学校での教授・学習が必要なのです。

訳者あとがき

1　オリジナル・テキスト

この邦訳のオリジナル・テキストはヴィゴツキーの死から半年後、一九三四年一二月一〇日に一万部印刷されている。発行年は一九三五年となっているので、新年早々発売されたのであろう。ヴィゴツキーの共同研究者たちの編集になるこの論集には、つぎのような「編集部より」と題する短い序文がつけられている。

レフ・セミョーノヴィッチ・ヴィゴツキーはソヴィエトのもっとも偉大な学者の一人であった。彼は科学的知識の多様な分野——心理学、児童学、障害学において仕事をした。ヴィゴツキーは八〇を超える科学的著作を残したが、それらのなかには彼の理論的・実験的・臨床的研究の諸成果が明らかにされている。

本書には、教授・学習と発達の問題にかんするヴィゴツキーの研究が叙述されている。本書はヴィゴツキーが執筆した一連の論文とともに、さまざまな研究機関で彼が行った報告の速記録を含んでいる。速記録はヴィゴツキー自身によって校正されておらず、彼の死後に仕上げられたものである。本論集はエリ・ヴェ・ザンコフ、ジェ・イ・シフ、デ・ベ・エリコニンによって印刷の準備がなされた。

今日では、ヴィゴツキーの著作数はここで述べられている数をはるかに凌駕していることや、彼は初期には演劇評を含む文学研究も行っていたことも明らかになり、その活躍した分野はさらに広がりがあったと見なさなければならない。

2　ヴィゴツキーの復活

ヴィゴツキーは一八九六年一一月一七日、白ロシアのオルシャのユダヤ人家庭に八人兄弟の長男として生まれ、一九三四年六月一一日結核のため死去した。弱冠三八歳であった。父は銀行家、母は師範学校卒で、教養のある家庭であった。ヴィゴツキーは母による家庭教育で育ち、ギムナジウムに入学。ギムナジウムをトップで卒業し、モスクワ大学医学部に入学した。医学部に入学後、関心がわかなかったので、直ぐ法学部に転部している。モスクワ大学に在学中、同時にシャニャフスキー大学でも勉学し、人文科学を深めた。彼の文芸学、心理学、障害学等での活動は、この大学でブロンスキー等の学者に学んだことの影響が大きい。シャニャフスキー大学にはモスクワ大学を追放された進歩的な学者が集まっていたのである。彼の才能は、在学中に書き上げた論文「ハムレットの悲劇」で既に開花しはじめていた。彼は従兄のダヴィト・ヴィゴツキーに影響を受けており、文芸学に関心をもった。彼は詩的言語研究協会（オポヤズ）に所属し、大活躍していたのである。他方、モスクワで居住を一緒にした妹のジーナ・ヴィゴツカヤからスピノザへの関心を深めた。ヴィゴツキーは生涯を通してスピノザの書物を愛読していたといわれる。

大学卒業後、郷里のゴメリに戻り、中学校の教師をする傍ら、文化活動に関わり、劇場の演出家、文芸サークルの人たち等との交流をする。他方、種々の地域にある師範学校で心理学を教えたり、実験室を設置したりしていた。転機は一九二四年第二回精神神経学会での報告からである。その発表を聞いたルリアは直ちに当時心理学研究所の所長をしていたコルニーロフに要請し、ヴィゴツキーをモスクワへ招聘することを進言したのである。この招聘に応え、ヴィゴツキー一家はモスクワに居を移し、心理学研究所の地下にある住居で生活を始めるのである。それから一〇年彼の活躍は目覚しいものとなる。トゥルミンの表現を借りれば、心理学におけるモーツァルトなのである。それは、三八歳という夭折にもかかわらず、現在知られている文献で一八〇点、それ以外でも未整理の手書き原稿が多数残されているといわれているからである。彼は大学に心理学実験室をつくり、児童の発達についての諸資料を得たのであった。一九二八年雑誌『児童学』が発行されると、論文を次々と発表し、ヴィゴツキー理論の真髄となる高次精神機能の発達論を作り上げた。他方、彼は、結核の病に冒され、入退院をしていたが、要望に応え、大学で講演を行っていた。しかし、病には克てず、一九三四年帰らぬ人になった。

没後、旧ソ連ではスターリンの粛清が始まった。一九三六年児童学批判が出されると、各大学の児童学講座は閉鎖され、資料は無くなった。ヴィゴツキーは「折衷主義者」というレッテルを貼られ、彼の書物は封印され、業績は葬り去られることになる。スターリンの死後、スターリン批判と時期を同じくして、ルリアの努力により、ヴィゴツキーは復活するが、児童学批判に関係した部分は封印されたままであった。一九九一年ソ連崩壊と同時にその軛から解放されるようになった。一九九〇年代認知科学の登場からアメリカでヴィゴツキーの大ブームが生じ、これによりかれは世界的学者になったのである。

3　発達の最近接領域の考え

本書はヴィゴツキーの考えのなかで発達の最近接領域を中心に編集されている。この書物は、小論文や講演速記録からなる全七編で構成されているが、そのうち五編がこの説に充てられているのである。ヴィゴツキーのアブゥチェーニエ（本書ではすべて「教授・学習」と訳した。）を発達の普遍的モメントとする思想を解説する目的でザンコフ、シフ、エリコニンが収集したのであろう。ヴィゴツキーのアブゥチェーニエ論は人類史的次元と個人発達的次元の二つの面から捉えられる。この見方からすると、これまでは後者の面に強く光を充ててきたように思う。旧ソ連においてもアブゥチェーニエと発達の関係についてヴィゴツキーの解説は主に後者の面からであった。『思考と言語』には両面が出ているように思えるが、本書もまた、後者の観点を強く押し出した形になっている。ザンコフたちは実践上の緊急さからこのようにしたのかもしれない。アブゥチェーニエが作り出す発達を論じようとしたヴィゴツキーは、彼がいつもするように先進的研究者たちとの対話を行った。すでに、フランス、ドイツ、アメリカの心理学者たちとの対話をし終えた彼は、その代表者たち――ピアジェ、ジェームズ、コフカからの批判的摂取を通して自らの発達論を構築しようとした。それはアメリカのマッカーシーの研究（これについては本書第三・第六論文で述べられているが、文献名はない。）をヒントにした二重の発達水準を分けることであった。ヴィゴツキーは発達の二つの水準を抽出するという発見をしたのである。現下の発達と明日の発達水準である。発達における現下の発達水準と明日の発達水準の間の領域を発達の最近接領域と呼んだ。このようにして発達の最近接領域説が産み出されたのである。かれは次のようにそれを説明している。本書第一論文から引用しておこう。

「大人の指導のもとで、援助のもとで可能な問題解決の水準と自主的活動において可能な問題解決の水準とのあいだのくいちがいが、子どもの発達の最近接領域を規定します。」

彼において発達の最近接領域という用語は、一九三三年頃以降に出現している。それ以前には見られない。『道具と記号』『高次精神機能の発達史』には見られない。一九三三年以降の『思考と言語』(三四年)、「年齢の問題」(三四年)、本書(三五年)に集中的に述べられている。本書でいえば第一、第二、第三、第六、第七論文の五編である。ヴィゴツキーはアブゥチェーニエが人類史的次元の考察から発達の普遍的モメントであることに気づいていたが、個人発達にも当てはまると推理していた。このような予測からピアジェ、ジェームズを批判する一方、コフカから構造心理学の考えに近いものを見出したが、高次精神機能の発達法則を作り出していた成果が、構造心理学の発達論を越える発達論を創造しえたと考えられる。それが個人の発達の二つの水準および最近接領域の抽出である。

発達の最近接領域説は、児童学と相俟っていたため、ヴィゴツキーの復活後も本国ソ連では取り上げられることはなかった。ヴィゴツキー学派に近い人たちからもほとんど触れられることはなかった。この概念に目をつけたのは、西側の研究者、特にブルーナーであった。ルリアを通してヴィゴツキーの思想を知っていたブルーナーは、最近接領域説に二つの意味を含んでいることを見出した。一つは、教育・心理的問題であり、もう一つは社会・哲学的問題である。一九九〇年代になり、ブルーナーが予測したとおり、二つの問題線上でこの概念は拡張されていくことになる。前者はブルーナーが使用したスキャフォルディングの概念に結びつけられる。それは「足場かけ」と訳され、教育現場で広く使用されるものとなっているのである。また、発達診断学への適用がみられる。後者は、ワーチ、エンゲストロームにつながるものである。かれらは、この概念を社会文脈で位置づけようとする。ヴィゴツキーの構想の中に「社会革命」という発想がなかったわけではない。未識字者撲滅という社会課題に心理学がどう応えるか、彼のアブゥチェーニエ論はこのような文脈からも読み解く必要がある。彼がウズベキスタン等へ出かけ教師のためのゼミナールを開いているのは単に要請に応えたというものではないのであろう。それは、未識字がもたらす貧困から人々を解放するために子どもの教育の建て直しを図るという深い読みからであったと思われる。発達の最近接領域説もこのような文脈から捉えられよう。エンゲストロームの拡張的学習論もこの概念に繋がっていると思う。ブルーナーがいうようにヴィゴツキーの思想はフレイレやイリッチよりもはるかに解放のイデオロギーであるというのもあながち的外れではないかもしれない。本国ロシアではヤロシェフスキーやダヴィドフによりヴィゴツキーの手書き原稿の公刊が進められ、また、一九九一年以降児童学批判の軛から徐々に解放され、発達の最近接領域も取り上げられるようになった。しかし、ブルシュリンスキーにみられるように一面的な捉え方が支配的である。彼のものについては中村和夫『ヴィゴーツキーの発達論』で考察されている。

4　児童学の問題

上述したような理論的普遍的意義とともに、本書は当時の歴史のなかでとらえられなければならない。「児童学」や「コンプレックス・システム」については多少の注解が必要であろう。

児童学はもともとスタンレー・ホールやクリスマンによって提唱されたもので、「子どもにかんする総合科学」という意味であるが、ロシアではウシンスキーにその発想が見られ、またネチャーエフ、ベフテレフらによってロシアにおける児童学が創立された。ロシア革命から一九三六年まで、児童学のなかではザルキンド、ブロンスキー、バーソフ、モロジャヴィらを代表者としながら、幾多の論争が行われたが、①全体的システムとしての子ども、②子ども観における発生的原理、③子どもの社会環境の考慮、④理論的のみならず実践的な性格、などが確立されたといわれる。

しかし児童学は、一九三六年七月全ソ連邦共産党（ボ）中央委員会決定「教育人民委員部の系統における児童学的偏向について」によって、その探求の歩みが停止させられた。この決定の内容は、実践的な面では、学校における児童学者が行うテスト・アンケートによって学力不振児や問題児を普通学校から締め出すことへの批判、理論的な面では、遺伝と環境による宿命論的発達観への批判を含み、結論的には、児童学の廃止を決定するものであった。上述のように、この決定とかかわって、ヴィゴツキーの著作も二〇年間追放されることになった。五六年にヴィゴツキーは名誉回復されたとはいえ、本書の第一、第二論文の五六年版における削除も、ほとんど児童学の記述にかかわる箇所であり、児童学批判の呪縛は当時まだ継続していた。

旧ソ連・ロシアにおいて、この児童学批判決定が自主的に検討されるには、ペレストロイカとソ連・東欧体制の崩壊を待たねばならなかった。心理学史家ア・ヴェ・ペトロフスキーは「教育科学のペレストロイカの未解決な諸問題」（同氏編『新しい教育学的思考』一九八九年所収）のなかで、児童学批判の前夜に出版された児童学の最後の教科書（ザルキンド編『児童学』三四年、フォルトゥナートフ、ソコロフ編『児童学』三六年）には宿命論的発達観は見られないことや、少なくとも三三年までに児童学において宿命論的発達観が克服されていたことを指摘し、児童学批判には理論的根拠のないことを実証的に明らかにしている。さらに実践的な面におけるテスト・アンケートの問題も、本書に見られるように、発達の最近接領域を視野にいれた発達診断学がヴィゴツキーらによって構築されようとしていたことも、つまりテストの機械的使用が克服されようとしていたことも児童学批判の評価のうえで重要な論点であろう。

児童学批判のあと、クルプスカヤは、年齢的発達の問題がソヴィエト教育学・心理学にとってその意義を喪失しないようにとの深い憂慮を表したが（前出ペトロフスキー論文）、その憂慮は現実のものとなった。その二〇年後の一九五六年、ソヴィエト教育学自身が「子どものいない教育学」であったことを自己批判するにいたったことに端的にあらわれている（「全面的に深く子どもを研究せよ」、『ソヴィエト教育学』誌五六年八月号）。それは三六年児童学批判を肯定しながらも、子ども研究の必要性を強く主張するものであった。こうして、かつて児童学者であった研究者たち——バーソフ、ブロンスキー、ヴィゴツキー、コルニーロフ、コスチューク、レオンチェフ、ルリヤ、エリコニン、ミャシシチェフ、ザンコフ、ソコリャンスキーらが教育学と心理学の表舞台に再登場したのである。

なお、コンプレックス・システムはもともと何らかの中軸を設定し、それをもとに教育内容を構成しようとするカリキュラムの原理であるが、一九二〇年代の旧ソ連では、教育人民委員部に設置された国家学術会議によってコンプレックス・システムが採用され、それにもとづいて二三年より具体的なカリキュラムが作成され、実施された。現実からの教育内容の遊離を克服するという目的で、労働を中核にし、そのまわりに自然と社会を配置するという構成原理であった。児童学批判に先立つ三一年、三二年の学校にかんする決定で、学力低下等を理由にコンプレックス・システムやプロジェクト・メソッドは廃止され、教科をもとにしたカリキュラム原理に回帰することになった。思考のコンプレックス（複合性）を根拠にした小学校教育のコンプレックス・システムは、就学前期を経てすでに成熟した機能にのみもとづく教授・学習にほかならず、発達の最近接領域を考慮した教授・学習ではない、という本書でのヴィゴツキーの観点は、コンプレックス・システムの評価にかんして貴重なものであろう。

本書の第一、第二論文には柴田義松氏による既訳（ただし五六年版からの翻訳。ヴィゴツキー『思考と言語』上巻、明治図書、一九六二年の付録）があり、第三～第七論文には柴田義松、森岡修一両氏による既訳（ヴィゴツキー『子どもの知的発達と教授』明治図書、一九七五年所収）がある。翻訳にあたり両氏の既訳を参考にした。記して感謝したい。

二〇〇三年五月

土井捷三、神谷栄司

土井捷三（どい　しょうぞう）
1943年に生まれる
1972年北海道大学大学院教育学研究科博士課程を単位取得退学し、
現在、神戸大学名誉教授、学術博士
主な著書・訳書
『教科指導の基礎』梓出版社、1986年
『人格形成的機能を高める教科構成論の研究』風間書房、1993年
『教育方法の科学』梓出版社、1999年
ダヴィドフ『教科構成の原理』共訳、明治図書、1975年
ヴィゴツキー『新・児童心理学講義』共訳、新読書社、2002年
ヴィゴツキー『情動の理論』共訳、三学出版、2006年
ヴィゴツキー『「人格発達」の理論』監訳、三学出版、2012年
『ヴィゴツキー［思考と言語］入門』三学出版、2016年

神谷栄司（かみや　えいじ）
1952年に生まれる
1982年京都大学大学院教育学研究科博士課程
元佛教大学教授、博士（人間文化学、滋賀県立大学）
主な著書・訳書
『ごっこ遊び・劇遊び・子どもの創造』法政出版、1993年
『幼児の世界と年間保育計画－「ごっこ遊びと保育実践」のヴィゴツキー的視点』三学出版、2003年
『保育のためのヴィゴツキー理論』三学出版、2007年
『未完のヴィゴツキー理論－甦る心理学のスピノザ』三学出版、2010年
「人間発達の『地層理論』について」『ヴィゴツキー学』別巻第5号、ヴィゴツキー学協会、2018〔花園大学学術リポジトリにアクセスすればネット上での閲覧やダウンロードが可能〕
「オープンダイアローグの理論的基礎－ヤクビンスキー、バフチン、ヴィゴツキーからの照明」『花園大学社会福祉学部研究紀要』第28号、2020年
「ヴィゴツキー《人間発達原理》におけるマルクスとスピノザの問題」『佛教大学社会福祉学部論集』第18号、2022年
ヴィゴツキー他『ごっこ遊びの世界』法政出版、1989年
ヴィゴツキー『新・児童心理学講義』共訳、新読書社、2002年
ヴィゴツキー『情動の理論』共訳、三学出版、2006年
ヴィゴツキー『「人格発達」の理論』監訳、三学出版、2012年
ヴィゴツキー、ポラン『言葉の内と外－パロルと内言の意味論』編・共訳・著述、三学出版、2019年

ヴィゴツキー著

「発達の最近接領域」の理論

――教授・学習過程における子どもの発達

2003年　7月25日初版発行
2022年11月25日11刷発行
訳　者　土井捷三・神谷栄司
発行者　岡田金太郎
発行所　三学出版有限会社
〒520-0835　大津市別保3丁目3-57 別保ビル3階
TEL 077-536-5403　FAX077-536-5404

印刷製本　モリモト印刷株式会社